ホールボディ・フォーカシング
アレクサンダー・テクニークとフォーカシングの出会い

ケビン・マケベニュ［著］　土井晶子［著・訳］

コスモス・ライブラリー

まえがき――内なる声にみちびかれて開かれゆく人生に向かう窓――

私がフォーカシングという言葉に出会ったのは一九八〇年代の初めでした。ある日、私のクライエントが部屋に入ってきて、ラジオでフォーカシングというプログラムについて耳にしたのだけれど、これこそが自分のためのものだと直感した、これについてもっと詳しく知らなくてはと思ったと話してくれました。そしてこのクライエントはシカゴで最初のフォーカシング・ワークショップに参加したのですが、参加した後に、「きっとケビンにとってもこれは面白いんじゃないかと思う」と私に勧めてくれたのです。この、ジーン・ジェンドリンという人が取り組んでいることと、私が関心を持っていることはとてもよく似ているように思われました。ただ、ジェンドリンは私と違ったバックグラウンドからアプローチしようとしているのだと。それからまもなく、私は自宅近くで開催されたワークショップに参加する機会を得ました。それが私とフォーカシングとの初めての出会いでした。そのワークショップのインストラクターは二人のイエズス会の修道士でした。この二人との出会いを通じて、私は自分のカトリックという信仰とイエズス会による教育というバックグラウンドから、新しい体験の世界へと開かれていくことができたのです。そして、一九八九年、シカゴで開催された第一回フォーカシング国際会議で、私はジーン・ジェンドリンと初めて出会いました。そしてさらにその年の秋、私はフォーカシング・トレーナーとして認定されました。

その頃、私のセラピストはこんな夢を見たと私に教えてくれました。それは私とフォーカシングに関連する重要な夢、私がホールボディ・フォーカシングと呼ぶようになったものとつながっていました。開かれていきつつあった私のワークを彼女がどのように感じ取っていたのかがその夢には現れていたように思います。夢の中では、二つの国の国境線にまたがって、古い石造りの建物が建っているというイメージが浮かんでいました。国境線はその建物の中心を通っていて、その建物の堅固な石の基礎からは、明るい光が差していて、それはまるで明るく軽やかな新しいいのちの感覚が溢れているかのようでした。夢の中では、その建物は私たちにとって必要なことを満たすためには小さすぎるように感じられ、そのために私はその建物を上の方へと拡張しようとしていました。古い構造はそのままに、そして新鮮な光と新しい成長をもたらすガラスと植物を使った現代的な部分を付け加えながら。これがホールボディ・フォーカシングでした。フォーカシングとアレクサンダー・テクニークというしっかりとした基礎から生まれた、新しい、生き生きとしたいのちに溢れたもの。

私はもともとボディワークを中心にしていました。一九七四年からアレクサンダー・テクニークの教師としての訓練を受け始め、慢性的な腰の不調と自分自身の人生とにつながりを見つけようとしてきました。なぜかは分かりませんが、私には腰を治すためには、自分のライフスタイルを見直す必要があるような気がしていました。つまり、腰の不調の向こうにある人生のストーリーを見つめる必要がある、と。長きにわたって、いくつもの力強い洞察と体験を通じて、私は、私たち自身の内側にあるものこそが、どんな権威よりも、私たちの人生を癒すために必要な多くのことを知っているということを繰り返し確かめることができました。ジーン・ジェンドリンと、クライエント中心療法の生みの親であるカール・ロジャーズとのつながりを聞いた時、私は、自分が正しい道筋をたどっているのだと確認できた気がしました。

私がご紹介しようとしているホールボディ・フォーカシングは、新しい可能性です。もし私が、自分自身の「ホールボディ（からだ全体の）」体験とともにいる（または一緒に座っている）ことができて、私をどこかへと動かしつつある動きに注意を向けることができれば、この私の動いている部分は、私に、自分という限界を超えて、自分とともにいる新しい方法を見せてくれるでしょう。この動きこそが私の人生を前進させ、私が知っていること以上の新しい経験を私に実際に知らしめてくれるのです。私の一部が内なる導き手となり、同じことを繰り返していたそれまでの自分からは決して生まれなかったであろう新しい存在のあり方を教えてくれるのです。ホールボディ・フォーカシングで私の言うこの動きは、からだで表現することができるもので、洞察に満ちています。そこから現れてくるものは、自分自身の成長のステップとして必要なものと完全に一致しています。これは決して幻想などではなく、単なる想像の旅でもありません。これは私自身の可能性に、必要性に、私自身のからだに、そして人生にしっかりと根を下ろして感じられるものなのです。

このことがどんな性質を持っているのか、詳しく定義してみたいと思っています。ホールボディ・フォーカシングは私自身の体験を体現することであり、はっきりした意識のレベルで私の人生を前に進めてくれる内なる導き手の感覚を私にもたらしてくれるものです。ホールボディ・フォーカシングは違った存在のありようや、自分自身についての違った感覚を教えてくれ、そしてそれがからだにもたらしてくれるもののすべてを私に表現させてくれるものなのです。意識の上で知っていること、そしてそれ以上のこと――いまだ意識にのぼってはきていないもの――を私はからだで表現します。人々は、ワークショップに参加して、しばしば自分たちが目にするものに驚きます。参加者の人生がいかに開けていくか、そして私たちがどのようにそれを体で表すことができるか。ホールボディ・フォーカシングに独特なこの地に足のついた感じによって、私たちは可能性の殻を破ることができるのです。

ケビン・マケベニュ

ホールボディ・フォーカシング：

アレクサンダー・テクニークと
フォーカシングの出会い

◎

目次

《付録》

人生の危機をチャンスに変えたホールボディ・フォーカシング：ポールの場合

ホールボディ・フォーカシングについて詳しく説明する前に、まず、ポール・ハシルトが体験したことについてみなさんにご紹介しましょう。ポールは一九九二年から、私とともにホールボディ・フォーカシングの実践に携わってきました。彼はホールボディ・フォーカシングによって、人生の危機をチャンスに変えることができたのです。

当時、ポールはコンピュータの仕事で生計を立てていました。が、手根管症候群という診断を受けてしまいました。これは、手首にある手根管という部分の内側で、正中神経が圧迫される状態で、いろいろな症状が出現します。この手根管症候群では、しばしば痛みやジンジンと疼く感じや、親指や人差し指、中指の感覚麻痺が起こります。そしてポールはもう限界に来ていました。これ以上はどうしようもなくなっていました。絶望が彼を襲いました。自分にできることは何もないように感じていました。手首のあまりの痛みに、もう一度コンピュータの前に座ることもできなくなっていました。やりきれない気分で一杯になり、どうしていいのか分かりませんでしたし、どこに行けばいいのかも分かりませんでした。手首は両方とも冷たくなり、鈍く痛み、やらなければならない仕事をやることはとてもできないかのようでした。

しかし幸いなことに、ポールにとって人生の重要な一部だったのがホールボディ・フォーカシングでした。実際には、ホールボディ・フォーカシングを考案し、発展させてきたのは私（ケビン・マケベニュ）とポール・ハシルトの二人で、私たち二人はそれまでの十二年間、互いに協力し合いながらホールボディ・フォーカシングの普及に努めてきました。ポールはすでに、自分の症状に対して医学的にできることはすべて試してみていました。特別な装具が設計され、タイプしたり、夜眠ったりする時にはそれで腕や手首がサポートされるようになっていました。力が入らないことや、握力の衰えについてもあらゆる検査を受けていました。検査の結果によれば、ポールは慢性化の最初の段階にあり、症状はましになるかもしれないけれども、さらに悪くなっていくことも考えられるということでした。

この日、ポールは普通とは違ったことをやってみようと決心しました。彼は心配ごとをひとまず脇によけ、腰を下ろし、自分自身に注意を向け始めました。手首にはホールボディ・フォーカシング的な態度で、特別な注意を向けるようにしました。ポールは内側に耳を傾け、手首のあたりのからだの感じに注意を向け、痛みをありのままに感じようとしました。いつもやっているように、痛みを治そうとしたり、この痛みは何なのかと考えたり、押しやろうとしたりはしないようにしました。ただ、痛みに耳を傾け、痛みを感じ、そして痛みにじゅうぶんな空間を与えるようにしてみました。

すると突然、まったく自分でも予期しなかったことが起こりました。お腹の辺りを感じたのです。お腹の辺りに結び目があって、その結び目は手首の痛みとつながっているように感じられました。しかしその結び目のために空間を与えてみると、ポールは新たな絶望の波にさらわれました。もう自分は働けないんだ、これまでのようには自分は生計を立てていけないんだ。ポールはコンピュータの仕事を嫌っていましたが、それでもそんな気分になりました。一方で、どんなに眠れていないか、ということや、そして好きでもない仕事をやってきたこの十年がどんなふうであったか、ということも浮かんできました。もう働くことはできない。眠ることさえできない。どうやって食べていったらいいんだろう。食べていくための好きでもない仕事でさえもうできなくなったのだということを思うと、絶望はさらに深くなりました。好きな仕事をするスキルを随分前に失ってしまったことにも気づきました。もうこれについてはどうしようもないのだ、それはもうはっきりしているんだ、と思うにつれ、絶望はさらにひどいものになりました。ポールは無力感でいっぱいでした。

でもそこでもう一度、今度は違うことをやってみました。絶望に沈み込むのではなく、自分が無力な感じでいるということ、どうしていいか分からないのだという真実を受け入れることにしたのです。手首の痛みとつながっているように感じられるお腹の痛みに耳を傾けてみました。なぜならこれは新しい感じだったので、たぶんより大きなストーリーの一部なのではないかと思われたからです。ふたたび、ポールは自分は何もできないんだということを痛感しました。それは、必要なことに手が届かないということであり、自分の能力では状況をなんとか真っ当にすることはできないのだということでした。

すると、なんと痛みそのものから、シフトが生じたのです。それは言葉にするならば、行き詰まっていた痛みから、まだ痛くはあるけれども、喜びといってもいいように感じられる痛みにシフトした、という感じでした。ポールはただ耳を傾け続け、そこに感じられるものにずっと注意を向け続けました。

二時間以上もそうやっていたでしょうか。とはいえ、終わったあとに何かはっきりした解決案が浮かんだわけではありませんでした。そしてポールは仕事に出かけました。でも、コンピュータの前に座ってみると、指の感じが違うことに気づきました。キーボードの上で、指はのびのびしているようでした。指が、ポールの知恵ではなく、ポールの意識ですらなく、指それ自身の知恵を持って伸びていて、意識をもって震えていました。それは彼の指そのものの知恵だったのです。愛が指から流れ出しているように思われました。愛するという感じではなく、それは愛そのものでした。なんという驚きだったでしょうか。ポールはコンピュータが大嫌いだったというのに！

その瞬間、ポールは、キーを打つ、ということと自分との関係だけでなく、職場の人との関係や、仕事そのものとの関係の全体が変わったことを感じました。もはや慢性的な痛みはありません。コンピュータの前に座るのはうきうきするような気分でした。キーを打っているのは彼の指ではなく、彼自身がからだ全体でそうしているかのように感じられました。指でキーをたたいている彼という全存在から、それはまるで流れ出るダンスのようでした。それは驚きであり、そして同時に喜びでした。

その夜、ポールは眠れました。慢性的な痛みは、八割がた楽になっていました。ずっとポールを悩ませてきた痛みは薄らいでゆき、やがて完全に消え去り、それにつれてポールはぐっすりと眠れるようになりました。キーを打つ時にも眠る時にも、もう装具をつけるのをやめました。もう必要ないと思えたのです。実際、タイプする時にはそれが邪魔になるぐらいでした。装具は、以前はポールが古い習慣に引きずられないようにしてくれるものでしたが、今はそれが新しいタイピングの仕方に移行するのを邪魔するようになったのです。そしてこれ以降、装具が必要になることはありませんでした。

ポールの仕事の習慣は、自然に変化していきました。仕事の合間には休憩を取るようになりました。同僚に笑いかけるようになり、そして同僚の何人かとは友達になることができました。コンピュータといても、息苦しくなることもなく、一緒にいやすくなりました。

これは七年前のできごとです。今では、例えばコンピュータの前に何日も続けて長くいすぎると、痛みがぶり返します。実を言えばぶり返す痛みは以前よりも激しいのです。でもそれは、手を止めて休憩しよう、というサインなのです。痛むのは慢性的な状態に戻りかけているということではなく、働きすぎていることを教えてくれているのです。

手首にまつわるこのポールの体験と、彼が手首の声にすすんで耳を傾けたやり方には、ホールボディ・フォーカシング的な態度に固有の特徴がとてもよく表われています。

ここでのホールボディ・フォーカシング的な態度とは、

・止まって、内側で起こっていることに注意を向けたこと。
・そこにあるものがあるがままにいられるような空間を作り、やってくる分からないという感覚に対する空間を作ったこと。意識して何かをしようとはしなかったこと。
・からだの他の部分に目を覚まさせ、からだ全体で、問題の部分とつながれるようにしたこと。
・ゆっくりと待ち、何が出てきてもそのまま受け取ったこと。
・からだの別々の部分にふだんなら予想もしないつながりが起こるようにさせたこと。
・この状態の底に流れていた彼のストーリーを表面へと浮かび上がらせ、それに意味を与えたこと。
・からだからのシフトをまるごと受け止め、痛みがどんなに違って感じられるかを感じたこと。それがどんなに新しい感じなのかを感じてみたこと。なじみのない感じなので、落ち着かない感じがしたかもしれませんが。
・開かれていく、つながっていくこの全体のプロセスとゆっくりとつき合い、何か特別な結果を探し出そうとはしなかったこと。
・後からやってくる変化を純粋な驚きをもって受け止め、その変化に対する空間を作ったこと。

変化は機能だけでなく、態度においても生じました。最も大きな驚きとなったのは態度の変化でしたし、この態度の変化が彼の人生をより豊かな広がりのあるものに変えたのです。

ホールボディ・フォーカシング：
アレクサンダー・テクニークとフォーカシングの出会い

全体は部分よりも素晴らしい！

ケビン・マケベニュ

プロローグ

私たちは全員が、これまでの人生を生き抜いてきました。それは本当にすばらしいことです。人間は誰もが、それぞれの人生で生き抜くすべを、機能するあり方を学んできています。そうやって私たちは、今日を生きています。それはまるで離れ業ともいえる偉業なのだと言っても過言ではありません。それは、人生に適応し、それなりに妥当に世界において機能するために必要なことについて、これ以上ないほどふさわしいスキルを育てていくという天与の才が私たちにあるのだということなのです。

私たちは自分のこのような能力を疑ってみたりしません。私たちはごくごく小さい頃からこのような力を使い始めているので、それを当然のものだと思っているのです。ある日、何かが起こって、すべてのもの、つまり自分のスキルや自分自身の能力の感覚が信じられなくなるまでは。それはほんのささいな出来事がきっかけで起こりえます。事故や別離のようなドラマティックな事態がそのきっかけのこともあります。あるいは、老化のようにゆるやかに起こってくる何かの場合もあります。それが何であれ、現実に目の前につきつけられるのは、機能する、そしてどうすればいいのかが分かる、という私たちの能力への信頼が、突然崩れてしまうということです。状況によっては、そして私たちがどのように対処しようとするのかによっては、これは私たちの全体のシステム、私たちの生きのびるためのシステムに大きなショックとして襲いかかってくることがあります。たとえ、それが私たちの生死に関わってくるのではないということが頭で分かっていたとしても、それはまるでそうであるかのごとくに感じられるのです。しばしば私たちは、本来なら頭をはっきりさせて自分がしっかりしていないといけないまさにその時に、パニックに陥ってしまいます。どうすればいいのかが分からなくなって、フラストレーションに翻弄され、どうしようもないという気持ちになってしまうのです。

もっと簡単に言うならば、このような事態は、痛みや絶望を伴い、まるでこの世の終わりのように感じられるのです。しかしそれでもなお、変に聞こえるかもしれませんが、この「新しい人生」が運んでくれる希望や約束があるために、これが何かの始まりのように感じられることもあるのです。それは私たちが、人生において「発生する」状況にどのように反応し、どうすればいいのか「分からない」という実感に、どう対応するかにかかっているのです。

この本は、私たち全員の人生において、いつか訪れるこのような危機的な瞬間について取り上げようとするものです。この本で、私は、「どうも人生で何かうまくいっていない感じがするし、どうしていいかわからない」というシグナルを直接扱うプロセスについて考えてみようと思っています。私はまた、私自身の人生における危機的な瞬間において自分を助けるためにまさに必要だったスキルを生み出したプロセスについても考えてみたいと思っています。この危機的な時期に起こったできごとは、私の人生を変えました。危機の時、それまでの生きのびるためのスキルはもはやまったく役に立たず、有害ですらありました。ここでご紹介するのは、私自身に現実に起こった話であり、また友人や、私がこれまで共に働いてきた人々の話であり、私たちに何が起こったかという話であり、そして私たちがそれに対してどうしたかという話なのです。さらに私は、もっと大きな問題についても考えたいと思っています。人生に起こりえるすべてのことを、私たちが知っていることを越えるための機会として、また私たちの内側にありながら、私たちが自分がそうだと考える以上に大きな何かとつながることができる機会として証明してくれる問題、また意味を与えてくれる問題について考えたいのです。これはスピリチュアルな旅をすることであると言えましょう。旅の途上で、私たちは次のようなスピリチュアルな疑問について考えるのです。私たちは誰なのか？　なぜここにいるのか？　なぜこれが私たちに起こったのか？

私自身のストーリーは、アレクサンダー・テクニークと出会ったことに始まります。それは三十五歳の時に数回腰の手術を受けた後のことでした。当時、自分では投資銀行家として、またコンサルタントとして、キャリアの頂点を極めていたと思っていました。実際のところそのキャリアは自分らしい生き方につながるものではなかったのですが、当時の私にはそのことを認めたくないという気持ちがありました。今後、腰は悪くなっていくばかりで、よくなる見込みはないのだという現実に直面した時、それはまるで終身刑を言い渡されたのに等しかったのです。でもその時、私は人生を別の面から見るという勇気を見つけることができました。そこで新しく気づいたのは、内側に聴き入るということでした。それはたぶん、私にとって生まれて初めてのことでした。そして、この内なる声を聴くということが、私の人生を変えたのです。それは、私がこれに内なる体験という名前を付ける前のことでした。そしてある日、私はフォーカシングと出会ったのです。

フォーカシングとは、シカゴ大学でユージン・ジェンドリンが生み出したプロセスで、ジェンドリンの師であるカール・ロジャーズが提唱した来談者中心療法に深く根ざしたプロセスです。まず私は、フォーカシングについて述べることから始めたいと思います。なぜなら、フォーカシングこそが私がずっと探し求めていたものであり、すべてはフォーカシングから始まったからなのです。

フォーカシングとは、内側に聴き入ることであり、私たちの人生につながる何かがそこから生まれてくるのを待つことです。その何かは、まったく新鮮で、みずみずしく、そして前向きな創造性に満ちています。そして、二十九年前に初めてアレクサンダー法のレッスンを受けた時に私に訪れたものも、今でも当時と変わらず、むしろ、今の方がより真実で豊かなものとして感じられています。このフォーカシングとアレクサンダー・テクニークが、どのようにして私の中で一つになったかということが私のストーリーです。それは本当に、からだに、こころに、そしてスピリチュアルに私に与えられた贈り物のように感じられます。そしてだからこそ、私はこの旅をみなさんと分かち合いたいという切なる思いに駆られるのです。贈られたものを分かち合うことは、私にとって次に進むための、ごく自然なステップなのです。

ではまず、三つのアプローチをご紹介しましょう

このセクションでは、三つのプロセスについてお話ししたいと思います。フォーカシング、ア

レクサンダー・テクニーク、そしてこの二つが、どのように組み合わさって私がホールボディ・フォーカシングと名付けたプロセスになるのかということです。

フォーカシングは、状況や問題、または創造的なプロジェクトについてのからだの感じに一歩ずつ注意を向けるプロセスであると定義されることが多いです。フォーカシングは感情よりももっとからだに近く、そして単なるからだに感じられる何かではなく、意味がからだの体験として分かるということです。この直接感じられる気づきの辺縁（エッジ）において、思考や心理療法、自己の成長、芸術そして癒しに創造的な変化が生じます。

例えば、私は自分が絵を描くのが好きなことを知っています。どうして自分は絵を描くのが好きなのかというあらゆる理由を、たちどころに挙げることができます。でもちょっと立ち止まって、私にとって「絵を描く」ということ全体がどんなふうに感じられるかを感じてみて、その感じ全体を自分のからだの中心あたりで感じられるようにしてみると――そしてこの絵を描くという体験を、私のからだがどのように抱えているかという「ボディセンス」が生まれてくるのを待ってみると、まったく違った何かが現れてきます。少し時間をとって、注意を内側に向け、「絵を描くのが大好きだということについて、からだは何を知っているのだろう？」と問いかけてみると、どこからともなく私の中に、開けていく場所がやってきます。この場所はとても愛しい感じがする場所なのです。そして「これこそが愛することなのだ！」というフレーズが浮かんできます。この感じは、私が最初に挙げたたくさんの理由とはまったく違って感じられます。この感じはまさにその通り、という感じです。この感じは私の心の琴線に触れ、豊かに、そして全体的なものとして感じられます。この感じは、決して、こうなるだろうと私が予期していたものではないのです。これが気づきのエッジで起こる創造的な変化の一例です。

このフォーカシング体験を目覚めさせるには、いろいろなやり方が考えられます。どのやり方にもそれぞれ独自の質ともたらされる結果があるでしょう。例えばあるやり方として、からだの内側に、「これはどういう意味なのだろう？」「何が問題なのかな？」「このこと全体は私にはどう感じられるのだろう？」「からだのどこでこの問題を感じているのだろう？」と聞くことができます。また、別のやり方として、内側に、「今、からだにはどんな感じがあるだろう？」「今、ここで起こっていることは何だろう？」「内側で起こっていることは何だろう？」と尋ねることもできます。そして私はちょっと下がって、自分の内側のどこかからもっと何かが、最初はもやもやとはっきりしないかたちで、生まれてくるのを待ちます。これがフォーカシングです。からだの中の何かはっきりしない感じに注意を向け、そこからもっと何かが生まれてくるのを待つのです。

アレクサンダー・テクニークは、無意識で自動的なからだの動かし方と関連しています。これらの「習慣的な」反応によって、背中の痛みやそれに類した機能障害などの慢性的なからだの障害が引き起こされることがあります。F. M.アレクサンダーは、からだに染み付いた反応のパターンを変更することがひとにとってどんなに難しいかに早くに気づいた人です。アレクサンダー法のインストラクターは、すっかりからだに染み付いてしまって無意識になってしまっている機能障害のパターーンを変えるための方法に注目します。アレクサンダー法では、すっかりからだにとって習慣となっている機能障害の反応に気づくこと、そしてそのような反応をやめさせることで、「悪い習慣」を変えさせます。それから、その時同時にやってくる、本能的な欲望を、意識的に「抑制」させます。この本能的な欲望は、何をするのかがはっきりしない時に、よりいっそう「したい」という気持ちを私たちに起こさせるものです。分からないという苦痛を避けるために私たちは何かをしたくなりますが、アレクサンダー法のインストラクターは、そうならないように一連の指示を出します。これらの指示の目的は、何か他のものが起こるための空間を作ることです。アレクサンダーの言葉で言えば、「正しいことがそれ自体で動けるように」することなのです。アレクサンダー・タイプの質問は、例えばこんなふうになります。「わたしのからだが自然に動くのを邪魔しているのはなんなんだろう？」

F. M. アレクサンダーの観察では、からだの一部に変化を起こすためには、からだ全体が生きとしていなくてはなりません。アレクサンダーは、変化が、活性化されたからだ全体と部分との意識的なつながりから起こること、また古い習慣からの行動ではなく、新しい何かが起こるための空間を作ることから起こることを見つけました。アレクサンダーはまた、治そうとかよくしようとかいう努力は、状態を悪くするだけであり、起こってほしいと願っているまさにそのことをだめにしてしまうということにも気づいていたのです。

ホールボディ・フォーカシングとは、アレクサンダー・テクニークとフォーカシングとを組み合わせたものです。正直に告白すると、私はこれまで、自分はどうあるべきかといったような外的な権威については、たとえそれがどんなに自分のためだと言われても苦手でした。外からあれこれ言われても、私の内なる自己は、ちゃんと目を向けてもらったような気がしませんでしたし、感謝してもいませんでしたし、それは自分にとっていい感じではありませんでした。しかしある日、指圧の先生によるとても強烈なからだの体験とその時の自分の内なる感覚を通じて、私は**変化は私のからだが持っている内なる知恵から起こる**のだということを体験したのです。実際には、からだそれ自身の知恵から生じる機能の変化は、私がアレクサンダー法を通じて理解したすべてのことを含むだけでなく、それ以上のものでした。そこには私が自分自身のものだと確かに感じられるいのちがあったのです。私のからだは自然に動きだし、同時に自分がどこから来たのか、そしてどこに行こうとしているのかというヴィジョンが感じられました。フォーカシングではしばしば起こることですが、私は自分がどうなれるかという内なる未来図を、生き生きとしたからだで感じていることに気づきました。その時、私はアレクサンダー法が外側から働きかけたことが、外からではなく、内側から目覚めたことに気づきました。それはアレクサンダー法よりも、そして私が想像したよりもずっと素晴らしいかたちで私の中に感じられたのです。

　ホールボディ・フォーカシングのプロセスは、からだの全体性に気づかせてくれるプロセスです。それはからだで感じられる体験であり、内なる方向性を持ち、それ自体が目的を持っています。内なるエネルギーがからだに湧いてくるように感じられるのです。

調子のよくない部分に変化を起こすためには、次のようなものが必要です。

・もしすべての障害が取り除かれたなら、自分はどんな感じになるだろうというからだで感じられる未来図の活性化。これは動きの中で自己をからだで体験することから始まります。
・からだを前に動かしてくれるエネルギーの存在。
・全体が、もっと何かを探し求めている部分と関係を持ちながら、継続的に存在していること。

アレクサンダー法では、これをからだの「行動の可能性」の覚醒と呼んでいます。しかし、扱っている対象（すなわち、機能における変化）が同じであるとはいえ、ここにはホールボディ・フォーカシングとアレクサンダー・テクニークとの大きな違いがあります。ホールボディ・フォーカシングでは、その習慣は間違っているし、良くない影響を与える、私はもっといい方法を知っているから、とは言いません。その代わりに、**私たちはその習慣を抱きしめ**、それがこれまで私たちの人生においてどうしてきてくれたのかを、**それ自身が明らかにするために必要なだけのスペースを、その習慣に与えてあげられるよう、自分自身に手を貸すことができる**のです。私たちは自分の行動についてのからだのフェルトセンスを得ることができます。そしてその習慣には、しかるべき理由があるのだということを発見することができます。また同時に、ホールボディ・フォーカシングではからだ全体を使うわけですから、一つ（全体と部分）を共鳴させることで、部分が忘れていた、またはできるとは思っていなかった新しい可能性を開くことができるのです。

ホールボディ・フォーカシングは、**からだのざわめきや感じ**（sensation）に気づくことから始まります。まず、床に触れている足の感じに注意を向けていきます。例えば、

「それは内側ではどんな感じがする？」

「その感じ（sensation）はどんな感じなのか言葉にすることはできそう？」

「そのからだの感じの質みたいなものを、足からずっと上の方にまであがって**こさせることはできそう？**　ふくらはぎから膝の方に、それからからだ全体にまで。まるでそれ自体に気持ちがあるみたいに。」

ホールボディ・フォーカシングは、起こりつつある感じに注意を向けることから始まります。そして、この感じに注意を向けながら、からだの内側で起こっていること全体をもっともっと感じてみます。まず足から始め、それから注意を上へと向けていきます。このような感じへの注意の向け方を目覚めさせ、刺激することが目的です。刺激を受けることで、私たちはからだの他の場所やからだにある他の感じの質に気づき始めます。より多くの感じの情報がだんだんと感じられるようになりますし、またもっといろんな感じを見つけようとし始めます。特に、私たちに起こっていることの背後にあるように思われる特別な姿勢とつながっているからだの性質について、より感じようとし始めます。同時に、私たちはまた、からだを全体として感じ取れるようになっていきます。

ちょっとの間、あなたの気をまさに滅入らせようとしているからだの機能障害について想像してみてください。それはどこですか？　からだのどこでそれが一番つらく感じられますか？　それがあなたを悩ませ始める時、いつも自分はどうしているのか、思い出してみてください。どうにかして痛みを自分から切り離そうとしていませんか？　ではその逆をやってみたらどうでしょう？　押しやろうとするのではなく、それを抱きかかえて、それをあるがままにさせておく。あなたのからだ全体で、それをもっと「あるがまま」にしてあげられるかどうか、やってみましょう。それがどんな様子か、どこにあるか、そして何を必要としているように思えるかを無条件に受け入れるような態度を取ってみましょう。そして次に、少し下がって、その問題の場所から直接、もっと何かが生まれてくることができるよう、空間を作ってみましょう。これがホールボディ・フォーカシング的な態度です。ここから始まるのです。そして、ここからもっと何かが生まれてくるのです。

ホールボディ・フォーカシングを始めるにあたっては、まず今からだで何が起こっているのかに注意を向けていきます。そして、からだ全体で、それがもっと広がったり、動いたりできるよう、それに空間を与えてあげます。それが何なのかを突き止めようとはしないこと。突き止めないからといって、問題を否認することにはなりません。むしろ実際にやっていることは、その場所を片付けて、自分自身が地に足のついた感じを持てるぐらいじゅうぶんに安全な距離を問題との間に取るということです。この地に足のついた感じを確保できれば、からだが問題を抱えている場所を感じることは以前よりたやすくなります。

からだは、からだ自身の知恵で（特別な問題を取り扱うより前に、もっと言うなら何が問題なのかを知るよりも前に）、その問題についての**より安全な環境（context）を作りたいと思っている**のです。からだはからだ全体の感じをしっかりと自分のものとして感じるという自然のサポートシステムを使って、ごく自然に、そして本能的にこのことを行おうとします。例えば、からだ全体の感じを私が感じている時、私には、自分が二本の足でしっかりと立っていることが感じられます。また難しい課題だと感じられることとも一緒にいられるという感じがします。でもそのほんの何分か前までは、このことはとてつもなく大きく自分を圧倒すると感じていたのです。

もう一度ここで、からだがまずからだ自身のためにやりたいと思っていることは、今起こっていることに対して**もっとオープンになり、もっと受け入れられるようになる**ということなのだということを繰り返しておきます。からだはこうなるために、安全な環境を作り出します。アレクサンダー法の用語を使うなら、からだがまずやりたいと思うことは、からだ全体でのびのびとして自分自身とつながることです。これはしばしば、頭と首とのつながりが自由になる感じとして感じられたり、背中が伸びたり広がったりするような感じとして体験されます。これは何かに対して防衛しているという姿勢の傾向から、より開かれた、受容的な傾向へのシフトとも言えるプロセスです。これはまた、起こりつつあるものすべてに対する私たちの態度、そして反応を大きくシフトさせます。この態度の変化によってもたらされるものの質は、より開かれていて、批判的でなく、より受容的です。そしてこのシフトには、そこにあるものへの思いやりや共感、そして感謝までを伴うことが多いのです。からだの姿勢そのものが、より前向きで自分に自信がもてる感じのするものへと広がっていくように思われます。

ホールボディ・フォーカシングはこんなふうに始まります

では具体的な例をご紹介しましょう。これは自分のからだのとてもこわくて傷ついている部分に注意を向けている男性とのワークです。彼にとってその場所に留まるのは容易なことではありませんが、私たちは次のようなことをやってみます。

・私は彼に、二本の足でしっかりと立ちながら、とてもこわい感じのするからだの部分を感じてみるように提案します。

・そうしていると、彼は突然、からだが動き出したのに気づきます。彼の上体は前にゆらゆら揺れています。

・私は彼に、その揺れている感じを楽しみながら、揺れる動きを動きのままにまかせてみましょう、と言います。

・私は彼に、その痛みとともにいられる安全な環境を、この動き（揺れ）が作ってくれていることに気づいてもらいます。私はまた、彼は二つの場所――揺れと痛み――を、必要だと感じられる時にはいつでも自由に行ったり来たりしていいということを伝えます。

・すると、彼は自分自身のつらい部分と以前よりも一緒にいやすくなっているのです。

これが、私が、からだ全体の感じを保ち続けること、と言っていることです。私たちは安全な場所を探します。それが見つかったらそれに名前を付けてみます。その場所は必要に応じて自由にアクセスできる場所です。私たちがこのようなやり方で自分に注意を向け始めると、からだに何かとても特別なことが起こります。こういうふうに注意が向けられると、からだはその内なるプロセスにむけて目を覚まします。これはアレクサンダー流に言えば、からだが広がりはじめ、習慣になっていた姿勢から自由になり始めているということ、そしてからだがそれ自体で全体としての感覚を持ち始めているということです。さらに言うならば、これこそが、からだが最初にやりたいと思っていることなのです。自発的で、それでいてかすかなシフトや動きはすべて、すっかりおなじみの習慣的な（固まったり、凍りついていたりする）防衛姿勢から自分自身を解放したいという、からだの切なる願いの一部です。この習慣的な防衛姿勢は、からだにとっては大きな無理となっているからです。からだは、自分が知っているからだ全体というサポートに立ち返る道を見つけたいと願っているのです。

からだは、このような注意が向けられた時、その姿勢をほんとうにドラマティックに変化させます。どうしようもなく行き詰まったり傷ついたりしている場所に、そのままでいいのだという無条件の受容と許しが与えられ、もっと自分自身を表に出していいのだということになった時に、特にそれは顕著です。からだは、窮屈だったり固まっていたり抑えつけられたりしているように見える姿勢から、もっと柔軟でもっと開かれていて、もっとつながっていて、もっとのびのびとしていて、そしてそこにあるものに対してもっと受容的な姿勢へと変化します。ほんとうに、私たちのからだの部分はこのような注意を向けられることを喜ぶのです。批判的でない注意を向けられることに加えて、あるがままでいられる許しを得られることで、からだの部分がそれぞれのストーリーを表現しはじめるのは決してめずらしくありません。

例えば、私は自分の中の恐怖を感じている場所が、このような無条件の注意を心待ちにしていることを感じます。私が感じているのは単なる恐怖以上のものです。私の一部は恐怖に打ちひしがれ、恐怖に耐えているのです。でも、力んでいた私のあごと頭は安心したかのようで、だんだんと緩みはじめ、前ほど力んでいたり固まっていたりはしなくなります。あごと頭が**考え直し**始めたことが感じられます。そしてこれこそが私が求めていたこと、私が喜んで受け入れることなのです。あごと頭は人生の恐怖にどう反応するかを考え直しはじめたようなのです。こんなに恐怖の姿勢に固まっていなくてもいいんじゃないか、と考え直しはじめているようです。ひょっとしたら、恐ろしい状況に対応するのには他のやり方もあるんじゃないだろうか！

考え直しのプロセスは無条件の受容から始まります

恐怖を抱えているこの場所といっしょにいてみよう、というこの私の気持ちが、まったく新しいプロセスが展開するスタート地点になります。一緒にいてみようという気持ちがあると、私のからだのつらい部分は、自分が何をしているのかに気づき、そしてこの恐ろしい状況に別のやり方で対応できるのではないかと考え直し始めるチャンスをもらうことになるのです。何をしているのだろうということに気づき始め、また同時に、これまでどうやってきたのだろうということをその部分が新しい可能性の感覚を持って考え直し始めると、そこは柔軟になり、少し緩み、そして同時に他の部分とのつながりを求めるように動き始めます。このつながりを求める動き、伸びていくこと、そしてつながっていくことは、とても自然に感じられます。そしてこれは恐怖に打ちひしがれていた部分と、それをサポートしたいと願っている私の全体との両方から生まれてくるのです。恐怖に悩まされている部分と、エンパワメントの力を持ち自分でしっかり立っている私の全体とのあいだにつながりが生まれます。このつながりによって、どうやって私がこの問題を自分の中で抱えるかということに、変化やシフトが起こるチャンスが生まれるのです。

F. M. アレクサンダーは、抑制し指示を与えるという彼の方法の活用を通じて覚醒するものは、「プライマリー・コントロール（初源的調整作用）」の覚醒だということを示唆し、変化に必要な条件について考えました。プライマリー・コントロールとは、頭と頸部と背骨とのあいだに起こるつながりのことです。最初の指示は、「首を自由にさせましょう」です。アレクサンダー法のインストラクターは、環椎―後頭部の結合部から始まるこの頭部―頸部のつながりの重要性を熟知しています。背骨のてっぺん、背骨が脳幹とつながっている部分は、全体としてのからだとつながるための気づきへの入口のようなものです。ここはまた、バランスと調整を感じ取る場所でもあります。ここは文字通り、からだ全体がひろがる感じが「伸び」始めるところであり、ここからいろいろな意味が明らかになってくるのです。

ホールボディ・フォーカシングの基本的な条件の一つは、脳の古い部分（中心）と、脊髄を通じてアクセスできる中枢神経系とを、意識的に覚醒させることです。私たちが（恐怖やパニック状態のように）防衛的なモードの状態にある時、私たちはこのポイントですべてをシャットダウンしてしまいます。私たちはこの二つのあいだの情報の流れをせき止めてしまい、全注意を、闘ったり、逃走したり、じっと身を固くしたりすることに集中させてしまいます。つまり、「古い脳」とからだの姿勢との関係は、闘うため、もしくは自分をどうにかして守るために備えるべく変化するのです。私たちは跳ね橋を「引き上げて」、闘う準備をします。こころとからだは一つのことをする目的に集中します。これはある種の防衛の姿勢です。つまり、自然にからだに流れ込むはずの刺激を制限し、代わりにからだを一つの任務に特化させるのです。

ここでは何が起こるのかをなるべく簡単に説明したいと思います。私は脳の機能について造詣が深いというふりをするつもりはありませんが、それでも私には「古い脳」が闘いや逃走に深く関与しており、「新しい脳」（とそれをとりまく皮質）が意識や気づきに関与しているような気がしています。つまり、この瞬間に何が起こっているかに気づき、そのことについて考えることができ、選択することができるのは新しい脳の方のように思われるのです。「古い脳」は生命の維持や、身体機能の統御や、安全を守ることにより関わりが深いように思えます。しかし、古い脳はその「視野の狭さ」によって解決の道筋の一つをシャットダウンしてしまうので、数本の道筋についで同時に検討し、そこから選択するということができません。そして、古い脳は状況が展開し、よりよい道筋が開けても、それにあわせて機敏に方向転換することができなかったり、あるいはまったく方向を変えられなかったりします。私たちの目にそういった新しい選択を見せてくれるのは皮質です。逆に、「古い脳」は脊髄との通常のつながりをシャットダウンし、断ち切ってしまいます。闘い／逃走メカニズムが発動され、このシャットダウンが発生すると、気づきが凍りつき、動かなくなってしまいます。もしこの発動が頻繁に繰り返されると、人は似たような状況の刺激を受けた場合に、自動的に防衛姿勢を取るようになります。この反応パターンはやがて固定され、自動的なものとなり、無意識に行われるようになり、そしてそのために変えにくくなってしまいます。

ホールボディ・フォーカシングのプロセスは、**「古い脳」に**、すでに凍りつき、自動的なものとなっている習慣的なパターンではなく、いま起こっていることとの文脈で、**自分で考え直すように**刺激を与える方法です。古い脳は、自分がそれまでしてきたこと（すなわち習慣）についてだんだんと意識するようになります。また、ここがのびのびし、広がり、全体としてのからだと再びつながりを回復し始めるにつれ、新しい可能性が意識に浮かび上がり、目を覚まします。そうすると私たちのこの部分は、本能的に、または自動的な反射から動くのではなく、自分で選択することができるのだということに気づき始めるのです。それはまるで自分にこう言っているかのようです。「こんなに頑張り続けるのに嫌になっちゃったよ。こんなことしなくちゃいけないのかな？　別のやり方はないのかな？」

これはこの部分が考え直し始めたということなのです。最初はなんとなくです。それがだんだんと、その部分はからだには自分以外の他の部分もあったのだということを思い出し、それが助けてくれることに気づきます。実は、自分はからだ全体からサポートを受けているのだということに。この「新しい脳」の部分は、もっと意識的に、何が今起こっているのかということを考えることができ、そしてかつてはどうであったかを問うことができ、そしてそれを今起こっていることと比較することができます。そしてシフトが起こり、場合によってはより大きな全体としての自己の感覚が湧き上がり、より豊かな何かという方向が私たちに示されたりするのです。それは、私たちがこれまでの人生経験から想像していたことをはるかに超える何かなのです。このような洞察に満ちた思考は、全体としての自己がこのようなかたちで感じられた時に、つまり全体としての自己が、まるごとの自分としての内なる統一性や統合性の感覚を感じ取った時に生まれるのだと私は考えています。「古い脳」は「新しい脳」ほど意識的ではないようです。古い脳はどちらかといえばもっと本能的です。しかし生命が脅かされるような状況に直面した時にどのように生命を維持するかというようなことに関しては、非常に賢くもあります（その賢さは「新しい脳」の賢さとは違います）。つまり、「古い脳」は無意識的で本能的なプロセスの一部により近いものであると思われます。一方で「新しい脳」は、意識の部分に近く、何に気づいているかということに敏感です。

ホールボディ・フォーカシングのセッションは、例えばこんな感じです

これはいびきがひどい男性とのセッションです。この男性はいびきがあまりにもひどく、そのせいで妻との関係もぎくしゃくし、また彼自身も夜よく眠ることができませんでした。私は彼に、

うとうとし始める瞬間に彼がしていることについてのからだのフェルトセンスを感じてみるように言いました。彼はフォーカシングを知っている人だったので、その時の感じに戻ってみて、何が起こっていたかを感じ、それについて説明してくれました。自分がリラックスして緩んだ時、彼のあごがどのように前に突き出されて下に落ちるか、そして気管に重くのしかかっているか。彼はこのせいでひどいいびきをかくことになり、そして呼吸が苦しくなるので目が覚めてしまうというプロセスを繰り返してしまうのです。問題は、このパターンを医学的な介入なしに止めることができるかどうかでした。

私たちがとったステップは以下のようなものでした。

・起こっていることについてのからだのフェルトセンスを感じてみる。それを抱え、それと仲良くなり、それについてよく分かるようにしてみる。私たちは二人とも、これまでの他の経験から、変化はそこにあるものを無条件に受容することで生まれるということを知っています。

・これは簡単なことではありません。この習慣的なサイクル全体が、彼が生きていくために必要なことだからです。このパターンと一緒にいるための安全なやり方を作り出さなくてはなりませんでした。

・彼に、立って足の感じを感じてみるように言いました。その時、私は片手を彼のあごに触れ、彼がリラックスしたとたんにいつもやってしまうことが起こらないようにしました。これで、どんな感じなのかを気管で感じてもらうことができるようになりました。

・ここで感じられたのは、気管はとても緊張していて、まるで次の攻撃に対して身構えているようだということでした。

・今、気管はこのような状態を聞いてもらっているという感じを感じています。そしてまた気管には、来るのではないかと思っていたことを私の手が防いでいることが少し伝わりました。すると気管は、リラックスしました。それからさらに展開が見られました。気管は、なろうと思えばそれがどんなふうになれるかということを思い出し始めたのです。気管は、首と肩とにつながりはじめ、「確かな」感じがそこには生まれました。これはとてもいい感じでした。それは彼の人生における開かれていく新しいエッジであり、より自分に対して前向きになれる感じでした。

・新たに感じられたことにはより大きなストーリーがあるように感じられましたが、今のところはこれでじゅうぶんのようでした。子どもの頃から、彼は自分自身をこんなふうに窮屈にしてきたのでした。起きている間中、あごに力を入れているために、リラックスした時、つまり眠っている時には、日中の緊張から解放された筋肉が緩み、がっくりと落ちていたのでした。

私たちは二人とも、この経験は繰り返して強化する必要があり、またストーリーにじゅうぶんに耳を傾ける必要があることを理解していました。私たちは、気管に起こったような変化をふだんの生活でのあごの状態にも起こしたいと考えていました。気管とあごが、もっとそれ自体の本来のありように近づいていけば、いびきの問題も小さくなっていくのではないかと思われました。その後しばらくたって、彼の妻は、いびきがもう二人の間では問題になっていないことに気づきました。それは彼にとっても妻にとっても驚きでした。何かが変わったのですが、二人ともそれがいつ、どう変わったのかは分からなかったのです。

これは生活のための適応的でないスキルが、生活に破壊的な力を持ってしまった例です。いったい、私たちは、このような深く体に染み付いた習慣を変えるための体自身の知恵にアクセスできるのでしょうか。彼のこの体験は、その気になりさえすればどうなることができるのかということを気管が知っているということ、そしてこの目的に着実に向かっていくために気管がそれ自身の方法を持っているということを示しています。一方で、どうしてあごがそんな状態なのかについてのより大きなストーリーについて探っていく必要があることも明らかです。ここには少年が、しゃべらないということでどうやって自分を守ってきたのかというストーリーがあるのです。でも子ども時代には彼の守りになっていたことが、今は寝る時のように彼がリラックスしてコントロールを手離した時には、破壊的な力となってしまっていたのです。

大切な基本原則を確認しておきましょう

ホールボディ・フォーカシングがフォーカシングのプロセスとして大事にするのは、地に足がしっかりついていて、からだがやってくるものに対して開かれた姿勢でいるということです。地に足をしっかりつけていれば、痛みを伴う問題に触れようとする時、それをからだで感じ、そのボディセンスを感じ取ろうとする時に陥りがちな落とし穴にはまらないようにすることができます。確かに現実には、例えばトラウマについての問題について取り扱おうとする時、地に足のついた感じを完全に感じること、少なくともからだ全体を感じることは困難です。私たちはすでに古い反応パターンに引きずられているので、そこにあるサポートしようとしてくれている全体の感覚を頼りにして、からだに染み付いてしまったトラウマから離れることは本当に難しいのです。でも私の経験では、ホールボディ的なやり方で、地に足のついた感じをしっかりとからだで感じれば感じるほど、怖かったり圧倒されたりする感じが強くて一緒に居づらいものと、もっと安全に「共にいる」感じが持てるようになります。それはまるでからだ全体が、見てほしがっているものや聞いてほしがっているもののための安全な入れ物になるような感じです。私が全体の感じを感じれば感じるほど、私を困らせていることとより安全に一緒にいられるようになります。

そしてまた、フォーカシングのもう一つの原則も大切なのです。内側で起こっていることに注意を向けると、何か特別に私たちに気づいてほしがっているものがあることに私たちは気づきます。これは例えば何か社交的な集まりに出ている時に、この人たちは私たちに近づきたいんだな、ということが感じられる人々がいる一方で、私たちがその場にいることにすら無関心な人々もいるというようなものです。私たちの内側でも同じようなことが起こるのです。ある部分は私たちの注意を引こうとし、一方で、こちらの注意にはまったく無頓着な部分もあるのです。

私たちはホールボディ・フォーカシングで自分に注意を向ける時に、このような選別をしています。気をひきたがっている部分に注意をむけると、すぐにつながりが生まれ、そのつながりからさらに何かが開けてきます。他にもっとつながりを持ちたいと私たちが思うところがあるかもしれませんが、でももしそこにまだ開ける用意ができていなければ、何も起こりません。これもまた、ちょうど私たちが魅力を感じる人がいても、相手側にこちらとつながりを持とうという気がなければ、お互いの間に何も起こらないというのと同じです。言いかえれば、「もっと何か」が姿を現してくれるための望ましいつながりとは、お互いがそう望んだものである必要があるのです。私たちの作業は、この内側からの動きが、それ自身の持っている独自の方法で開かれていくよう、空間を作ってやることです。

全体は部分よりも素晴らしい!

ホールボディ・フォーカシングのプロセスというのは、二本の自分の足で立っている私自身のからだ全体に気づくということ、そして注意を必要としている私の部分に耳を傾けるということです。ホールボディ・フォーカシングではこの二つを同時に行います。ホールボディ・フォーカシングは実際には三つの要素から構成されています。

・**共にいる私**(**me-being-with**)の感覚

・そして、**からだ全体**（**whole body**）の感覚
・さらに、**注意を向けてほしがっている部分**（**part that wants attention**）の感覚。

共にいる私の感覚とは、**全体**の感覚と**部分**の感覚に同時に気づいていて、その二つの感覚を意識することができる私の感覚です。この気づきを抱えている**今ここの私**（**me-here**）が、まさにそれを行うのです。今ここの私は、（例えば）傷ついている部分の感覚と隣り合わせになっている全体の自己の感覚をその意識に抱えます。変化が起こるのは、この互いの接触、つまり全体と部分との相互の関係が作用する場所においてなのです。そして、私は、しばしば驚きを持って、何かが変化したことに気づくのです。でも私が変化に対して許可を出さなければ、変化が行き着くところにまで行くことはありません。

ではここで、先ほどご紹介した、痛みを伴うからだの機能不全の例に戻ってみましょう。しばしば次のようなことが起こります。

・からだのこの部分にホールボディ・フォーカシング的な態度で注意を向けると、首や肩に起こっていることがつながりを持ち始めます。例えば、からだの他の部分と、そしてからだ全体と。
・突然、からだに変化や再調整が起こります。
・自分がどこか新しいところに来た、ということに気づきます。そして、あなたはそのことを嬉しく思い、それを表現するでしょう。
・この新しい場所はただそこに生まれ、そしてあなたは自分がそこにいることが分かるのです！

・それは（あなたの意識においては）まったく違って感じられる、新しい場所で、そしてあなたはそれが大好きなのです！

・そしてあなたは、それが違って感じられるだけでなく、実際に違っていて、以前とは違う機能の仕方をすることに気づきます。

・これは両方（全体と部分）を行ったり来たりしながら意識しつづけていることにより生じます。何かがシフトして変化をもたらしてくれるまでそうしていることによって。

・あなたもまたこのつながりの大事な一部であり、起こったことのとても大事な一部なのです。

　このプロセスが展開するために必要な新しい要素は、**意識しておくことと許可を与えること**です。傷ついた部分は本能的に、どうすれば安全が守れるか、そしてどうすれば自分を外敵から守れるかを知っていますが、本能的に知っていることを越えたところにある「可能性」には気づいていません。**それは考えられないことを考えることができないのです！**

　三つの要素を挙げていますが、これらの要素はもっと細かく分けることもできます。でもこの三つが中心的な要素です。からだ全体を感じながら、地に足をしっかりつけていなければ、傷ついた部分と一緒にいることは難しいですし、またその時には、必要ならいつでも安全に感じられる場所に避難できるという感覚も必要です。傷ついた部分に全面的に、また完全に注意を向けてしまうと、それはまるであなたをのっとるかのように感じられ、あなたにとっての現実となってしまい、そしてそうなるととても大変すぎて取り扱えなかったりします。自分を守るために「逃避」したり、逃げ出したり、いつもの手段を使って生きのびようとしたりするのはごく当然の成り行きでしょう。

そして、これは体験的にも当然なのです。ホールボディ・フォーカシングの、違いを感じるエクササイズ（discernment exercise）には「限界vs可能性」というものがありますが、これは例えば、限界と可能性とが私たちに与える影響がどんなに異なるかを理解するために、その二つのボディセンスを感じてみることです。このエクササイズをしてみると、私たちがからだの限界だと感じているものと、これらの限界を超えたところの可能性だと私たちが感じるものとのあいだには、つながりが必要だということが分かります。私たちは実際にはこの二つがつながっているのだということに気づきます。この二つはお互いなしには機能できないのです。私たちの特定の限界の陰には暗黙のうちに私たちの可能性があるのです！　でも難しいのは、両方と共にいて、次に生まれてきたがっていることが生まれてくることができるよう、この二つが互いに関係を持ち続けられるようにすることなのです。

ユージン・ジェンドリン博士の暗々裡のものについての哲学は、このことを実にしっかりと裏付けてくれます。例えば、私は人々に自分の習慣についてよく知ってください、と言います。それがどんなに破壊的なものであってもです。その習慣が何なのか、どんなふうに影響を与えているのかについて私たちが知っておくことはとても大切です。どうしてでしょうか？　そのことについて知っていることの背後には、それを越えたところに、別のあり方と別の機能の仕方の可能性があるからなのです！　自分にとってのモンスターが何なのかを知っておくことは、それからどうやって自由になるかを知るためのカギでもあります。モンスターを知ることで、モンスターは何をしないのかが分かります。「私がしていることはこれ」と言えれば、そこにはそれを越えた次のステップが暗示されています。次のステップは、だいたいはまだはっきりとかたちになっていません。

またこれは、私が何をしているかについて、オープンエンドに批判しない態度で知るということです。これは、この知っていることに暗在している「もっと」が現れてこられるまで、この真実についてのボディセンスに留まっているということなのです！　でもこれは感じられた何かに対してそれはそのままでOKだ、と言うことではありません。これはその何かに名前を付けることです。そしてその時には決して批判はしません。そうすることで、今、名前を付けた真実から、直接もっと何かがやってこられるようにするのです。ここには発見と驚きがあります。何か新しいものが浮かび上がってくるはずだという信頼もあります。そう、信頼もこのプロセスの一部です。私はこんなふうに思っています。「古い習慣は、巷にもっといいやり方があると分かるまでは、私たちから離れてはいかないのだ！」。

広がりゆく未来図

私たちが限界と可能性の両方を意識する時に必要となってくるものがあります。これがなければ、もっと何かが起こるまでの充分な時間、私たちは注意を維持しておくことはできないでしょう。それは、このつながりの空間において姿を現す、私が知っているよりも大きな何かです。私よりも大きいだけでなく、私がとうてい自分では考えつくことはないだろうと思われる可能性を示してくれる力が生まれてくるのです。この力はまた、私がそれが開けることを許可しさえすれば実現する可能性を、開かせる手段をも与えてくれるのです。

これが姿を現してくれたら、ちょっと気づいてみましょう。私たちの内側で何かが起こっています。そしてそれは何かつながりについてのこと、全体と部分とのつながりについてのことなのです。このつながりを意識し続けていましょう。でも、次に何が起こるのかは分かりません。分からなくても、意識し続けていると、突然、何かが変化するのです。実際には変化するのは全体であり、私たちには変化が起こって初めてようやくそうなのだと分かるのです。これはまさにフォーカシングです！　これは一人の人間としての自分に、信頼と確信を築き上げることのできる体験です。自分自身の人生と調和した一人の人間としての自分に対して信頼と確信を。フォーカシングは私に、人生を信頼させてくれるだけでなく、私自身の人生そのものを確信させてくれるのです。ここで起こっているのは一種のエンパワメントのプロセスです。ホールボディ・フォーカシングのプロセスで私たちは、私が「今ここの私」の感覚と言っている人間のありようを強化し、エンパワーしようとします。今ここの私とは、私が二本の足でしっかりと地面を踏みしめ、より自分自身に自己一致した状態でいる時の感じです。私にとって、これはなぜ自分がここにいるのかという、まさにそのことについての感じです。私自身が、そうなるべく意味づけられている全体としての自分にいっそう近付いていくということです。ホールボディ・フォーカシングは、開けていく未来図を目の前にはっきりと示してくれるものなのです。

ジョセフ・キャンベル［訳注］は、かつてなぜ私たちがここにいるのかという問題について、次のように回答しました。つまり、この人生で私たちが求めているのは、人生を理解することや私たち自身を理解するということではない。私たちが求めているのは、自分の中にある生き生きと感じられるものと、宇宙全体につながっているように思われるより大きな生の感覚とが響き合う感覚を、自分の内側に発見することなのだ、と。ふさわしい時と場所が得られた時に、私たちはこのような響き合う感覚を発見することができるのでしょう。

三つの要素が一体となり、より重要なものに感じられます

さっきの三つの要素が一体となると、何かとても重要なことが起こります。私たち自身のあり

［訳注］

ジョセフ・キャンベル（1904-1987）：ニューヨーク生まれの米国の著述家。比較神話学・フォークロアの権威。著書に『千の仮面を持つ英雄』（The Hero with A Thousand Faces）（人文書院、一九九六）、『神の仮面：西洋神話の構造』（The Masks of God: Occidental Mythology）（青土社、一九八五）などがある。

ようにシフトが起こるのです。私たちはシフトが起こったことに気づき、何かが変わったのを感じます。そして、その変化に許可を与える機会が私たちには与えられるのです。この「起こること」がやってくるのは、単なるいつものおなじみの私以上の何かがあるからです。ここで、私たちが許可を与えなければ何も起こらず、何も変化しません。以前より少しは何かが分かったような気がするかもしれませんが、根本的なところでは何も変わらないのです。

これら三つの要素が一体となりお互いに相互作用すると、より大きな自分という感覚が現れてきます。そしてこのより大きな私は、突然に現れます。この三つの要素を内側で相互作用させる以外に、このより大きな私の存在を呼び出すすべはないのです。もし名前を付けるとしたら、このより大きな私とは、聖霊の存在であると言いかえられるでしょう。これは私たちが神もしくは大いなる力または宇宙の広大な神秘、大いなる超越などと呼ぶ体験です。呼び方はそのスピリチュアルな伝統によって異なりますが、これはどこでもほぼこのように呼ばれる体験です。伝統によっては、この体験が私たちが知ることができるものよりも本質的に大きいために、名前を付けるのをはばかっている場合もあります。この体験――自分よりも大きなこの何か――は目覚めるのです。そして、私たちがそうなるべくずっと意味づけられていた人間にいっそう近付いていくために必要な情報やエネルギーをこのより大きな私の存在が持っているのです。自分より大きな誰かに、もしくは自分より大きな何かに包まれている感覚とは、無限の可能性の感覚です。それは私の習慣的な自我の限界を越えた可能性なのです。

ホールボディ・フォーカシングで変化を起こすために大切なこと

「分からない」ことのために安全な場所を作る

・起こりつつあることに対して開かれ、敏感になり、またそれを受け入れられるよう、安全な場所を作らなければなりません。
・変化が起こるにふさわしい場所にいるために、私たちは「知らない」ことが出てくることに備えている必要があります。また、知らないという感覚をそこにいさせられるようにしなくてはなりません。
・この知らないということと喜んで一緒にいようとすることによって、その背後にあるより大きな自分が目覚めていきます。
・目を覚ましたより大きな自分が、私たちを新たな可能性へと動かしてくれるのは、この「分からない」ことに私たちが身を委ねたその瞬間です。

私はこの体験を、より大きな自分の存在（プレゼンス）と呼んでいます。これは私の中にあるものであって、何か天から、あるいはその他の自分の外から降りてきたものなどではないように思えるからです。これはまるで、大きく広がった私自身の感覚から生まれるもののように思えます。より大きな自分という感覚が存在する時、私はしばしば自分自身が大きくなり、広がったような感じを抱きます。それはまるで愛されている、と言ってもいいような感覚です。この自分より大きな何か、というものの存在が、このような変化を可能なものにしてくれるのだと思います。私たちは、自分の内側にある自分より大きな何かにアクセスしています。それは私たちに変化をもたらしてくれる可能性を秘め、そして変化を起こすために必要な力を持っているのです。

これまでしばしば、誰かがこんなふうに言うのを耳にしてきました。「自分がやりたいことは分かっているんだけど、そこにどうやったらたどりつけるのか分からない。どうしたらいいんだろう？」これこそが魔法の瞬間です。これが両方——つまり、自分がやりたいことが分かっているということ、そしてそれを手に入れるにはどうしたらいいのか分からないということ——と一緒にいるチャンスなのです。ここが変化が起こる場所なのです。変化は分からないというところから直接生まれてきます。そして、「私は今新しい場所にいる、ここは何だか違って感じられる、どうやってここに来たのか分からない」という言葉が、次にあなたの口をついて出てくるのです。

開かれた存在でいること

ここで態度に根本的な変化が起こります。考え方がこれまで私たちがやってきたやり方とはまったく違ってくるのです。

・私たちは自分自身の傷ついた部分と、そのあるがままの状態で一緒にいて、それをやさしく迎えられる安全な方法を見つけています。これは否認や、合理化や、投影や、鎮痛剤によってそれを意識から閉め出そうとする傾向とはまったく違っています。

・私たちは傷ついた部分を抱きしめ、この奇跡のようなプロセスが動き出すまで、ゆっくりとその部分と一緒にいてあげることができます。

・傷ついた部分と一緒にいることによって、より大きな、より全体としての自分が現れてくるということを確信しています。

私たちは、満ち足りたエネルギーを持った全体としての自分を体験します。この全体としての自分が持っているエネルギーは、傷ついた部分と一緒にいられるというエネルギーであるだけではなく、変化が起こるために必要なエネルギーであり、気づきでもあります。これは第三のオプションと呼ばれることもあるものです。ほとんど定義することが不可能なオプションです。

アクション・ステップを暗示する「分かっている」ことの特別な性質

ここで言っているこの「分かってくる」ことには、したいと思っていることについて分かることと、同時にそこに至るための手段が分かることの両方が含まれています。これについてはアレクサンダー・テクニークから直接やってきた用語があります。「それにいたる手順（means whereby）」です。妙な表現ですが、このような体験を説明するためにとても大切な表現です。これをフォーカシングの用語を使って言いかえると、このアクション・ステップが起こるというそれに至る手順は、この分かっていることの性質に「暗在するもの」なのだ、となります。

許可を与えることで変化が活性化されます。許可を与えるとは、あなたが起こりたがっていることに許可を与えるということであり、そしてこの許可を与えるということはまた、あなたがそれに至る手順に許可を与え、起こりたがっていることを生じさせるということです。これは単に可能性に許可を与えるということではありません。これは、あなたのからだにあるこの可能性の実現に許可を与えるということでもあるのです。ですから、あなたが心の中で、またはからだの感じで、自分のために可能にすることは何でも、それ自体が実際に起こり得るのです。よく言われるように、自分がやりたいことを注意深く選ぶ人が賢い人なのです。

これは、聖書の一節を私に思い起こさせます。あなたが大地から解放するものはなんであれ、天からも解放されることになる。これはしばしば教会の権威と関連づけられて言われることですが、ここではこれを自分自身とより大きな自分との関係とにあてはめることができます。私たち個人の許可は、私たちがより大きな自分とどのような関係を持つかというあり方を根本的に変化させるのです！　つまり、このようなプロセスでは、許可を与えることによって、すべてを私たちが知っている以上に、あるいは想像できる以上に変化させることができるのです。

ホールボディ・フォーカシングでは、必要とされていることだけではなく、この必要なことがからだにおいて実現されるための、それにいたる手順のためにも空間を作ります。私たちは不足しているところと一緒にいて、それが満たされるべく動き出すのを待ちます。ホールボディ・フォーカシングにおいて特徴的な「動き」に暗在しているのは、私たちの人生をそもそもの初めから意味づけられているような方法で前に進めるために必要な「アクション・ステップ」です。これはフォーカシングとアレクサンダー法のエッセンスが一体化していることをよく示している例でしょう。

心からの許可を与えることで生まれるエンパワメント

「許可を与える」ことの性質について、もう少し詳しく見ていきましょう。私たちが、全体と問題になっている部分とを両方とも意識に浮かべていることができる時、可能性が意識に上ってきます。私たちの仕事は、ここで起こりたがっていることに許可を与えることです。その起こりたがっていることは、本当のことだと感じられるだけでなく、まさに正しいと感じられる自然な次のステップでもあるのです。この許可を与えるということは、とてもパワフルな力です。許可が与えられなければ、何も起こりません。私は自分が子どもの頃に聞いた天地創造についての解釈を思い出します。神がどのようにして七日間で世界を作ったかというお話です。私が一番好きだったのは、神様がその日何を創造したかを説明して、それから「良しとされた」というところでした。神様が「良し」と言った時初めて、私は全部のものにいのちが吹き込まれたイメージを持つことができました。それまでは、それは神様の想像の中でのイメージに過ぎませんでした。

私には、神がそれらを生じせしめるために、その実現に対して自らの許可を与える必要があったように思われたのです。それと同じようなことを私たちはここでやっています。私たちは部分どうしのあいだで起こっていること、そして部分と全体とのあいだで起こっていることに気づきます。そして、ある時点まで来ると、なにか特別な可能性に対して、私たちは、良し、と言うのが自然だと感じるのです。しばしば、自分がほとんど自発的にこう言っているのに私たちは気づきます。「ああ、これはいいなあ。良し！」これが許可を与えることです。これが新たな人生をもたらし、新しいありようと機能にからだを目覚めさせるのです。

アレクサンダー・テクニークとフォーカシングに共通する性質

アレクサンダー・テクニークとフォーカシングに共通しているのは、全体と、問題になっている部分とのつながりから直接生まれてくるように思われる、もっと多くの何かが起こるようにするためには、アクション・ステップとして「何もしない」ということの力が大事だと認識していることでしょう。また、「許可を与える」ことの力も重要視されています。許可は、自分という一つの全体の中心から、ほとんど自発的に生じます。許可は私の中の分かっている場所、私の中の何の疑問も疑いもなく分かっている場所から生まれてくるのです。それは確かに表現を必要としていますが、この「はい」は努力して言うようなものではなく、自然に沸き上がってくる「はい」です。それはより有機体的であり、より全体的であり、そしてそれは私の全体から沸き上がってくるのです。まるで植物が太陽の温かさに向かって伸びようとしながら、同時にそれに対して「そうなんだよ！」と言っているかのようです。これは私の自我を越えたものであるように思われます。これは全体としての人から生まれてくる傾向や衝動でもあります。そして同時にこの「そうなんだよ」には感謝の要素が含まれています。「これがやりたかったことなんだ」は、単に自分のやりたいこと、自分が手にしなければならないことを望む自己中心的な卑小な私からではなく、より大きな自分という感覚からやってくるようなのです。

冒頭でご紹介したポールのストーリーは、まさにこの体験をよく示しているものだと言えるでしょう。

ホールボディ・フォーカシングから広がる新しい世界

このより大きな自分という感覚について、ホールボディ・フォーカシングのプロセスという文脈からもう少し説明しましょう。ホールボディ・フォーカシングとは、全体としての人が自分自身の全体性から直接行動するプロセスです。これは、**共にいる私**の感覚が**ホールボディ**（からだ全体）の感覚と、同時に注意を向けてほしがっている**部分**を意識しつつ保っている時に現れてきます。これらの私自身の側面が一緒にやってきた時に、私よりも大きな何かが目覚めるのです。

この**私以上**（more-than-me）という感覚は、私に、私が分かっている以上の新しい可能性を、私の人生において、今自分がどう生きているのかという文脈において、まさに正しいと感じられる可能性を、やさしく教えてくれるようです。そしてもし私が内側で起こりたがっていることに対して許可を与えることができれば、私は新しい私という感覚を感じることができるのです。

私たちの人生におけるこのような変化は、何とかしようという私たち自身の努力から生まれるのではありません。むしろ、この変化は、全体としての自分へ向かっていこうという気持ちや、私の人生にとって明らかに自然に正しいと感じられることに喜んで許可を与えることによって起こるのです。また私は自分のスピリチュアルな伝統をベースに、私の内側で目覚めるものは、聖霊の存在についての意識的な気づきであるというように考えています。それは私に自分はどうなることができるのかを告げてくれ、また私にこれを抱擁するために必要な力を与えてくれるのです。

つまり、言うなれば、二つのことが起こるのです。まず、自分の今の人生の次のステップとして必要なことが明らかになってきます。そしてそれを胸に抱くために必要なエンパワメントが与えられます。私がすべきことは許可を与えること、それ以上でもなく、それ以下でもありません。これが私たちの人生を根本から変えるために必要なプロセスです。これが考えられないことを考え直すために必要なプロセスです。これが私たちが初めからそうなるべく意味づけられていた全体としての自分になるためのプロセスなのです。これが新しい人生のための生まれ変わりのプロセスなのです。しかし母親なら誰でも知っているように、新しい人生にいのちを与えるということは、喜びであると同時に苦痛をも伴います。私たちの人生に成長という変化を生み出す時、新しいいのちと新しい可能性の感覚の両方が感じられます。これはしかし一方で、苦痛を伴うこともありえます。なぜなら新しい何か、というのは、すでに知っている居心地のいいものを越えて、一歩を踏み出すということだからです。

人生はチャンスに満ちています——トラブルはチャンスに変えられるのです！

二十九年前、私は椎間板ヘルニアの手術を数回にわたって受けました。ですが、当時は、その後もずっと慢性的な痛みに悩まされるだろう、たぶんまた手術を受けなくてはならないだろう、と予測されていました。その時、この腰の痛みは贈り物なんだ、チャンスなんだと思うことは到底不可能であり、正気の沙汰とは思えませんでした。でも、今は違います。腰のトラブルは私の人生を変えました。これがあったからこそ、私は人生を違った視点から見ることができるようになったのです。今、私は人生について以前とは違った態度で接しています。これがどんなに素晴らしい贈り物であったのかが今は分かります。今、私は自分の身に降りかかったことを、贈り物だととらえることができるようになりました。これはたまたま起こったことにすぎないともいえますが、でもこれは実際に私に起こったことであり、そして今、最初はそうとは分からなかったけれども、このことを私はチャンスだったと見ることができるようになっています。

同時に、それでも私には、自分自身が本当に欲している変化を起こすことはできないのではないか、とつい思ってしまうこともあるのです。どうも私にはネガティブな信念の体系があるようで、それは私に、何かを自分がほしいと思えば思うほど、それは手に入らないと言っているようなのです！　それは私が何をしようと、どんなにがんばろうと、そこからは何もいいことは起こらないと言うのです。それは私に、誰かもっとよく分かっている人、またはできる人の手に自分を委ねてしまう方がいいのだ、と言うのです。そう人たちだけが私を治すことができて、私にはできないのだと！　この信念はいつもこう言うのです！

フォーカシングでは、こんな声のことを批評家がしゃべっている声、と言いますね。私の中の批評家の部分が、私にはできないというのです。この声は、サポートしてくれるのではなく、こちらをむしばもうとする声です。この声を信じてしまうことは簡単です。なぜならこの声はとても賢く、そして半面の真理でもってこちらをむしばもうとすることが多いからです。そしてこの声は一面では真実です。私は何かを自分一人の力だけでやり遂げることはできません。人生において成長するために私が必要としている根本的な変化を自分一人では起こせません。私が自分をそこに連れていくためには、自分自身よりも大きな何かに間に入ってもらわなければなりません。では、それはいったい何なのでしょう？

一年前、私は目の手術を受けました。左目は手術中の衛生管理が充分でなかったため、感染を起こして見えなくなってしまいました。院内感染の主な原因となったのは、術後のバクテリア感染である表皮ブドウ状球菌でした。もちろん、私はどうしたらいいんだろうと、無力感に打ちひしがれました。でも私は、この苦悩にホールボディ・フォーカシング的態度で空間を作ってやることができました。私はとても動揺していましたし、あまりにもつらかったので、自分自身と感染した目に耳を傾けているあいだ、誰かに一緒に座っていてもらう必要を感じました。そこで起こったことは実に素晴らしく、そしてまったく予期していなかったことでした。左目そのものが私に、左目が治るためにはその仕事をする治療スペースの処方が必要であること、また時間が必要であることを告げてくれているようでした。私の恐れと暗い見通しは何の役にも立ちませんでした。時間がたつにつれ、私はまた見えるようになりました。最初は徐々にでしたが、やがて視力はほぼ完全に回復しました。でも、この治癒のプロセスでは、まったく予期していなかったもっと多くのことが起こりました。私は自分が見るためのコントロールに左目をどんなふうに使っていたのかに気づきました！　今、かつては習慣的に怠け者であった右目は成長しなくてはならなくなり、その可能性が開かれていっているのです！　私が情報を処理する方法には微妙な変化が生じました。そして私には疑問が湧いてきました。ひょっとしたら自分が思っているほど、左目はちゃんと見えなくてもいいのではないだろうか？　ひょっとしたら自分にはもっと必要な何かがあるのではないだろうか？　ひょっとしたらこの目の状態は、それを指し示しているのではないだろうか？

もう一度、私は自分の内なる知恵のプロセスにアクセスするチャンスを得ました。これは目の治癒プロセスを助けるためだけでなく、自分自身がもっと全体になっていくための癒しのプロセスを支えるためのものでもありました。そして、私は自分の人生で今、真に必要としていることについて実に多くのことを発見しました。このチャンスには本当に感謝の念でいっぱいです。目の専門家でさえ、より大きなストーリーでもって私を援助してくれることはできなかったでしょう。専門家がかかわれるのは目だけであって、私自身ではありません。これは私の腰のトラブルにも言えることです。腰は良くなってくるにつれて、新しい方法で私が考えるチャンスを与えてくれました。そして今ふり返ってみると、それは私の人生にとってどんなに素晴らしい贈り物であったことか！

これがホールボディ・フォーカシングのスタート地点です。さて、それでもさっきの疑問はやっぱり残っています。私の人生を成長させるために必要な変化を私が起こすのを助けてくれる、私より大きく感じられる誰か、または何かとは何なのでしょうか？　私に次のステップについての感覚を与えてくれ、そしてそのステップを進めるためのエネルギーを与えてくれることのできる誰かとは、または何かとは何なのでしょうか？それは誰なのか、それは何なのか、そして何らかのつながりが可能なのでしょうか？　どうやって、そしてどんな方法で？　許可を与えることはどうしてそんなに力を持っているのでしょうか？私がこの力にアクセスするにはどうしたらいいのでしょうか？　これらの疑問に、体験的に答えを示してくれるのが、ホールボディ・フォーカシングなのです。

ホールボディ・フォーカシングはきっとあなたにも役立ちます

ここまで、私は自分にとってホールボディ・フォーカシングがどうであったのかについてお話ししてきました。次にお話しすべきことは、私の人生における体験が、あなたにどんなふうに役立つだろうか、ということです。ホールボディ・フォーカシングはあなたの人生をどんなふうに豊かにしてくれるでしょうか？　そしてあなたが必要としているスキルをどんなふうに与えてくれるのでしょうか？

少し時間を取って、あなたを悩ませている問題を選んでみましょう。頭で考えていることではなく、あなたがからだで感じられる何かを選んで下さい。

・この問題について、いつもどんなふうにかかわっているかな、と考えてみてください。それは人生における何かについてのあなたの心配かもしれませんし、解決すべき問題かもしれませんし、どんどん悪くなってきているような気がする体の状態ということもあるでしょう。

・そのイヤな感じをあなたはいつもどんなふうに扱っているのかに気づいてみましょう。心配が起こってきた時、またはあなたのからだが「何かおかしいよ」というシグナルを出してきた時、あなたはどうしていますか？

・警戒する感じが出てきたり、不安な感じがしたりするかどうか注意してみてください。それが慢性的な状態になっていませんか？

・何らかの悩みに対して、あなたがいつも取っている反応とはどんなものでしょうか？
・あなたがストレスにいつもどう反応しているかに気づいてみましょう。あまりにも習慣的になっていて、ほとんど自動的に起こっている反応は何でしょうか？
・あなたがしていることで問題は解決しますか？
・こころの平和は取り戻せましたか？

こんなふうな内なる対話がいつも起こっていることに気づくかもしれませんね。たとえそれに気づかなくても、あなたのからだはあなたにずっとシグナルを出し続けていますし、そしてあなたはそのシグナルに対して、ずっとそして自動的に応答しているのです。ある日突然、それまでのいつもの応答パターンがうまくいかなる時まで、何もかもは何とかなっているように思えます。でもいつものパターンがうまくいかなくなると、パニックがやってきます。それは問題をいっそうひどくします。そしてここで疑問が湧いてきます。ああ、どうすればいいんだろう？

ここがあなたが信頼できるスキルを持つことがとても役に立つであろうと思われるポイントです。自分にかかわるいつものパターンが破綻してしまい、でもあなたの内側には何かが注意を向けてほしがっていて、そしてあなたにはどうしていいのか分からない時、ホールボディ・フォーカシングがこのシグナルに対処するためのとても役立つ方法なのです。ホールボディ・フォーカシングとは、実際には傾聴するスキルです。これはとても特別な種類のスキルで、あなたはこのスキルを使って、問題についてのからだのフェルトセンスに耳を傾けることができます。このからだのフェルトセンスは、あなたに注意を向けてほしがっているからだから来るシグナルです。そこにあるものの声を聴くこと、からだからくるシグナルを聴き、そしてそこから必要なことが何かを教えてもらうことは、このようなシグナルに対するまったく違った応答の方法です。いつものパターンは、シグナルの声を聴こうとするのではなく、むしろシグナルを黙らせようと努力することではありませんでしたか？

結び

このようなたぐいの問題と一緒にいるための正しい方法などないのですが、それでも他のものに比べれば人生をより確かなものにするような方法ならあると言えるでしょう。私はホールボディ・フォーカシングがそんな方法の一つだと思っています。実際にはスキルです。でもスキルである以上に、それは私たちがこれまでやってきたこととは大きく異なる方法で問題と共にいるためのプロセスなのです。私たちは条件や状況を変えることはできないかもしれません。でも私たちはそれを自分がどう抱えていくかという抱え方を変えることならできます。そのやり方とは、潜在的に人生をより確かなものとするような方法です。それは、落ち込んでしまって最終的にはしばしば絶望を伴う苦悩へとつながるようなものとは異なります。

本書が提供するのは現実に私たちの役に立つプロセスであり、何年にもわたって試されてきたプロセスです。これが、内側で問題となっている何か、どうすればいいか分からなくてふだんなら直面するのを避けてしまったり、あまりにも怖く感じたりしてしまう何かと一緒にいるための安全な方法であることはすでにわかっています。この方法が使えれば、私たちは恐怖、つまり何かが間違っている、または何かがずれている、あるいは注意を必要としている何かがあるということを伝えてくる怖いシグナルに向き合うための、信頼できるスキルを持っているということになるのです。

からだで行う傾聴のスキルであるホールボディ・フォーカシングによって、私たちは注意を必要としているシグナルに耳を傾けるチャンスを手にすることができます。ホールボディ・フォーカシングは、問題そのものの事実がたとえ変わらなかったとしても、前向きな結果を得ることが期待できる聴き方なのです。変わるのは私たちがその問題を抱えるその抱え方であり、それこそが大事なのです。私たちは厄介な問題に向き合うことができるという自信を持つことができます。また、何が現れてこようとも、それは私たち自身の内側にスペースと平安を見つけることができるいいチャンスなのだということをしっかり分かっていることができます。これは問題を否認することではありません。問題の中に溺れてしまうのではなく、問題と距離をおく感覚を生み出すことで、私たちは、何ができるのかをもっとよく見ることができるのです。自分が何であるかを受け入れること、何が可能なのかを知ることの方が、不可能と戦い続けることに比べてずっとたやすいのではありませんか？

エピローグ：ホールボディ・フォーカシングを学ぶために

ホールボディ・フォーカシングのプロセスは教えてもらうことができます。ホールボディ・フォーカシングをまず始めるにあたっては、教えてくれる人か、パートナーまたはいい聴き手が必要です。何も余計なことは持ち込まず、喜んであなたの話に耳を傾け、あるがままのあなたを受け入れてくれるような、あなたと一緒にいてくれる誰かが必要です。その人はあなたの間違いを正そうとしたり、アドバイスをしようとしたりはしない人で、ただあなたに気を配りながら一緒にいようとすることであなたを援助しようとする人です。

また、このプロセスを学ぶにも、あなた自身の人生や実践にあうようなかたちでこのプロセスを利用するにも、いろいろな方法があります。ホールボディ・フォーカシングを教えるにあたって、私が好きな教え方は、人生を変えるような状況と関連づけて教えることです。そういった状況に、ホールボディ・フォーカシングを使って取り組んでみます。その時にはその人たちが好きな何か、例えば動きやダンス、絵を描くこと、文章を書いたり歌ったりするような創造的な何かと組み合わせます。これはある意味、自分を発見するための特別な道を歩くこと、もしくはスピリチュアルな旅路であるとも言えるのかもしれません。ジーン・ジェンドリンは、フォーカシングは別の何かと組み合わせられた時に最も効果的だと示唆していますが、私もまったく同感です。

しかしながら、体験は私に、これはあなたが自分だけで簡単にできるプロセスではないということを教えてくれています。ホールボディ・フォーカシングには誰かが必要です。ちょうど私たちが成長するためには誰か別の人の存在を必要とするように。たしかパウル・ティリッヒがこう言っていたと思います――私たちは他者の存在によって人になっていく。それが唯一の方法なのだ。

もし、現時点で私が**自分の使命を述べる**としたら、例えばこんなふうになるでしょう。

・私は、私が分かち合いたいと思うものの場所および源としての、自分の内なる知恵とエンパワメントに触れたいと思っています。
・私は、クライエントが自分自身の内なる知恵と内なるエンパワメントを発見できるようなじゅうぶんに安全なスペースを作りたいと思っています。
・私は、クライエントが自分の中に、ふだんなら恐すぎたり居心地が悪すぎたりして一緒にいられないために避けてしまう問題に触れられる勇気を見つけられるような方法を提供したいと思っています。
・私は、クライエントに、安全な方法を見つけてこの問題について分かってほしいと思っています。その手順によってこの問題がクライエントの内側のエンパワーされた場所から前に進むことができるような手順を、クライエントが体験できるようにしたいと思っています。
・私は、クライエントが、自分を知るというのはどういうことなのかという最も大きな意味を、自分自身で分かっていってほしいと思っています！

私自身の人生において、私は、何らかの判断をすることなしに自分の機能障害的な習慣について徐々に理解し、そしてそれを受け入れることが、最も大きくそして最も難しいステップであるということを時と共に学びました。でも、これこそがスタート地点であり、これこそがより深い、より大きな自分が私たちの注意を引こうとしているところなのだということを学びました。また私は、真実（何であるのか）と可能性（何が可能なのか）とを同時に共存させるための安全なスペースを作り出せるのは、からだまるごとの自分であるということをも学びました。これが変化が起こる場所であり、またどのように変化が起こっていくかということであり、そしてそれ以上のことなのです。

私はクライエントに、この内なる知恵にアクセスする方法を教えたいと思っています。この内なる知恵は、部分と全体とがつながっている感覚から生まれてくる知恵であり、私たちが想像もできないような方法で、内側から人生全体のプロセスを前に進めるある種のダイナミックな動きなのです。そして私には、私が教えられることは私が分かっていることだけであり、人生において私が前に向かって進めていることだけなのだということが分かっています。これが自分が本当に分かっていることなのだ、ということを理解するようになったのです。

最後に、私が自分の旅路で発見した、私にとってとても意味のあることをお伝えして終わりたいと思います。私の部分が愛されていると感じることができるようになった時、それは自らを癒すプロセスに目覚めるのだということを、私は実感するようになったのです。

そして、私自身のストーリー：葛藤を抱えた男性の物語

ケビン・マケベニュ

私はずっと葛藤を抱えてきた男性です。そしてこの葛藤は私がやることすべてに影響を与えてきました。例えば私が世界に対して身体的に、心理的に、感情的にそしてスピリチュアルに機能するやり方のすべてに対して。年齢を重ねるにつれ、痛みとともにあちこちがすり減ってくるのを感じて、私は人生でこのようにもがき続けることが自分のからだにどれだけ負荷をかけてきたかを実感するようになりました。私が自分自身を使っていた使い方が、私の機能の仕方の多くのレベルに影響を与えていることに気づき始めました。このことに気づいてから、私は、やり方のほとんどがもう無意識に身に付いてしまっているこの状況で、何かを変えることはできるのだろうか、と考えるようになりました。

そして慢性的な行動のパターンが実際に腰の機能に障害を与えていることが明らかになった時、現実がまざまざと目の前につきつけられ、私は不安になりました。自分の一部がどんなに働きすぎていたか、そしてそこがどんなに本来の設計とは異なる働き方をさせられていたかに、だんだんと目が向くようになりました。他の部分はまったく働いていないのです。ほんの一部だけが他の部分をカバーするために過剰に働いていて、そしてそれ以外は凍りついたようであったり、本来意

味づけられていたようには機能できない状態になっていたりすることに気づくようになりました。

私は自分の人生の葛藤が引き起こした問題が何なのかが分かってきました。葛藤によって、どんなに自分の人生を可能性一杯に生きることが妨げられてきたかということが分かってきました。私は自分の限界を感じました。自分の機能しているありようは、部分的に麻痺しているといってもいい状態だったのです。私はどうすればいいのでしょうか?

ホールボディ・フォーカシングが助けになる

ホールボディ・フォーカシングは、からだがどのように「容器」として働いているかに気づくための、安全な構造を私に与えてくれます。私の一部は、その時生じていることによって苦しめられていました。ホールボディ・フォーカシングは、私が今、何をしているのかに気づくチャンスを与えてくれます。それはまた同時に、できることは何なのかにも気づかせてくれます。ホールボディ・フォーカシングとは、この両方を同時に抱えることであり、そうすることによって人生をもっと支えてくれる新しい体験に、私を開かせてくれることなのです。これ以外に、変化に影響を与える方法はないように思えます。

ホールボディ・フォーカシングは、動きの中で考えるというまったく新しい方法に自分を導いてくれます。私が意識できる実際のシフトは、今この瞬間のありのままの自分をそのまま受け入れるということです。今起こりつつありことについて、思いやりと共感を持って一緒にいることができる能力が、変化の第一歩です。理由は分からないけれども私に注意を向けてほしがっているように思える何かとともにいる能力、これこそがスタート地点になります。

注意を向けてほしがっていることに対して空間を作ってやった時、私はよく内側で何かが動くのを感じます。それは内側からの自発的な動きのように感じられ、実際にそのこと自体が持っている目的によって私は動かされます。そして私は、何か新しいことが起こっていると分かるのです。時にそれは、私に分かっていることを越えて、私自身とともにいるための別の方法へと、私をそっと押しやってくれる無言の内なるガイドのように感じられます。そうすると、私は意識に両方を持っておくことができるようになるようなのです。両方とはつまり、注意を向けてほしがっている私の一部（今起こっていることについての私の感覚）と、新しい可能性における「それ以上」という感覚です。

例えば、私はよく自分が、自分のふだんの限界を超えていると分かっているような方法で動かされているのに気づくことがあります。私の心はこんなことできないと言っているのですが、でも同時にからだはそれをやってのけているのです！　それはまるで、動きそのものが私をおなじみの場所から私の知らない場所へと連れていってくれるかのようです。この新しい場所は、なじみがないせいで少し落ち着かない感じがすることもありますが、それでも正しい場所なのだと感じられる場所なのです。

理解だけでは十分ではない

私は人生の大半を、ありとあらゆる様々な方法で自分自身を理解しようとすることに費やしてきました。なぜ私はこんなふうなのだろうか？　いろいろなことが分かってはきました。でもそれらは決して、私が「自分に対してしている」ことのダイナミクスに変化をもたらしてくれるような方法で触れるものではありませんでした。私は自分が葛藤の中にいることを分かっていたのかもしれませんが、その葛藤そのものがどんなものなのか、そのとっかかりを実際に見つけることはできませんでした。私にはその葛藤を自分がじゅうぶんに意識できるようにするための安全な方法が必要でした。それが何なのかを知り、それに名前をつけるために。変化はこのような注意の向け方に引き続いて起こるように思われます。

私には、自分が葛藤状態にある時にからだをどんなふうに機能させているかを気づく能力があります。この能力のおかげで、からだに「私が自分に対してしていること」を示してもらったり、同時にもっと自分を支えてくれるような方法でこの葛藤をくぐり抜けるための方法を提供してもらったりすることができます。経験は私に、からだがよりよい生き方についての取っ手を見つけない限り、変化は起こり得ないのだと教えてくれています。

「マケベニュさん、あなたは緑内障です！」

これが私が目のいろいろな検査の結果を聞くために眼科医のオフィスに座っていた日に、その眼科医に言われた言葉だったと思います。みなさんのご想像の通り、次の瞬間、私はパニックの嵐に溺れそうになっていました。医者が実際に言ったのは、「緑内障を起こす可能性があります」でした。でもパニックを起こした私には、その時、別の時、別の場所でのことがよみがえっていて、そのフィルターごしに医者の言葉が聞こえていました。私はずいぶん前にある医者に言われたことを思い出していたのです。「マケベニュさん、椎間板が変形しています。この手術が終わっても、また手術しなくてはなりませんよ」。

ふたたび、私は終身刑を言い渡されたような気分になりました。過去の体験に由来する無力感でいっぱいになって。そして今回は、自分がこう言っているのに気がつきました。「自分はだんだん年を取っていっているし、死のうとしているし、これからは目が見えなくなっていくんだ。僕にはこれを変える力なんてない。助けて。誰か何とかして。あなたがやってくれるんでしょう。僕にはできない。僕は何も知りたくない……！」

どこかで聞いたことのあるセリフではありませんか？

ホールボディ・フォーカシング――アクション・ステップ

私には自分が投薬を受けたくないということが分かっていました。緑内障の薬をのみ始めたら、その後一生のみ続けなくてはならない、そしてたぶん年齢が上がるにつれ薬の量を増やしていかなくてはならないだろうということが分かっていました。そんなことはしたくありませんでした。それではまるで終身刑を受けるようなものです。その現実は火を見るよりもあきらかでした。わたしのからだの一部はすりへり始めており、その本来の働きをやめようとしていました。このことの最初のサインは何年も前に起こった腰の痛みでした。そして今度は目です。今回は眼圧です。右目で高まってきた圧力のせいで、右目は深刻な事態に陥りつつあり、それは最後には失明にいたるかもしれないのです。どうすればいいんでしょう?

私がしたことは、自分自身に耳を傾けることでした。私は自分のその部分、緑内障になるかもしれない眼圧の高まりに見舞われている右目に耳を傾けました。ホールボディ・フォーカシングの傾聴プロセスは、とても役に立ち、私がプレッシャーの中でこの体験をどんなふうに抱えているかがだんだん明らかになってきました。私は自分がしばしば少し緊張が高いということに気づきました。そしてプレッシャーを感じている時、私はちょっと一杯引っかけたり、美味しいものを食べたりする習慣がありました。そうすることでそれまでの自分に戻ることができたのです。

今回、私は何か違ったことをやってみようと思いました。右目と一緒にいる時間を取りました。右目にこんにちは、といい、右目を感じようとしました。すると突然、私の注意はのどのところまで下がってきました。そこにプレッシャーがあったのです！　それはのどにあったのです！そして私は、自分の首が凝っていて、さらにあごがどんなにこわばっているのかにも気づきました。それらすべてと一緒にいると、私はじぶんがどんなふうに首から上を切り離しているのかに気づきました。頭部、特に眼に圧力がたまってくるのは当然でした。私は自然なエネルギーの流れとそれと一緒に流れているすべてのものを途中でせき止めてしまっていたのです。そして私はこう思いました。自分がやってしまっているこのことについて、私はもっと知らなくてはならない。問題はここにあったのです。自分が自分に対してやっていることが、目の圧力を高めることになってしまっていたのです。それがのどから始まっていたというのは驚きでした。

だんだんと、私は「自分がやってしまっている自分に対する妨害」の全体の姿勢に気づき始めました。それはからだ全体での体験でした。それはまた、私の人生のストーリーの一つであり、豊かでそして私にいろいろなことを教えてくれるものでした。それによって私は自分が誰であって、なぜそうなのかということに、もっとつながっていくことができました。そしてある日、予想もしなかったことが起こったのです。シフトが起こりました。その姿勢から解放されたのです。せき止めている姿勢は突然緩み、やさしい流れがもう一度私の体中を、からだ全体をめぐり始めました。どうしてだかはわかりませんでした。それはただ、そうなったのです。そしてそれは私にはとうてい説明できないような方法でそうなったのです。それは全面的に、そして唐突に起こったように思われました。そして私はまた自分自身とつながっている感じが持てるようになったのです。

自分をせき止めてしまうことをやめられたのは、何が起こったから？

本当のところは私にも分かりません。私は、その姿勢に気づくようにし、また体中にエネルギーが流れるのをどんなふうに自分が邪魔してしまっているかにも気づくようにしました。たぶんそれはとてもシンプルなことでした。私はただ、その姿勢そのものに気づくようになったのです。私はそれを自分がからだ全体（wholebody）と呼んでいる方法でやってみました。なぜなら私の細胞のすべてにその姿勢が刻み込まれているように思えたからです。何らかのシフトが起こることを可能にしたのは、この気づきだったのかもしれません。そしてからだそのものがまったく新しい存在のありようと、おなじみとなっていたこのコントロールしなくてはという習慣を越えた機能の仕方を示してくれました。それは恐らく、私が自分自身をありのままに受け入れはじめ、またそこにあるものから変化は直接起こるのだ、ということを信じられるようになってきたからではないかと思います。

シフトが起こった時、そしてせき止めている姿勢が緩んだ時、私にはいっそう自分が生き生きと感じられ、もっと生気とエネルギーに溢れているように感じられました。そして自分自身をより全体として感じられるようになりました。私は自分自身の全体を感じることができたのです。それだけでなく、自分のからだを流れるエネルギーの流れも感じられました。それはとてもいい感じでした。それは軽やかでリラックスできて、そして無駄な力が入っていないという感じでした。それは私がずっとそうなりたいと望んでいたけれど、実際に体験するまで、自分がそうありたいと思っていたとは分からなかったものでした。そしてこのことについての最も大きな驚きは、自分自身をとても愛しく感じたこと、そして同時に自分が愛されていると感じたことでした。

私がやってみたこれまでとは違ったこと

これは私の人生の危機についてのストーリーです。私をまさに打ちのめそうとしていた身体的な機能障害のストーリーです。それに背を向けたり、意識の外に追いやろうとしたりするのではなく、私はこれを抱きしめました。私はこれにもっとそこにいていいんだ、というふうにしました。それが以前との大きな違いです。それまで本能的にやっていたこととはまったく反対のことをしてみたのです。それを押しやる代わりに、人生の内側にもっと喜んでそれを受け入れるようにしました。それを自分のからだの中に、それがさらにもっと存在できるよう、今、それがどこにあるか、それがどんなふうであるか、それがどうなる必要があるのかを無条件に受け入れる態度を取りました。それがもっと何かが起こるためのスタート地点だったのです。それは新しいステップでした。私は、自分がそうなってほしいと思ったようにはなってくれていなかった自分のその部分と仲良くしました。私はあるがままのそれを思いやりを持って受け入れました。すると私には贈り物が与えられたのです。

それが始まり！

これが私と私の目との共感的な関係の始まりでした。これはまた、プレッシャーやコントロールとをめぐる関係との人生のストーリーの始まりでした。嬉しいことに、このストーリーに深くかかわるようになるにつれて、私はプレッシャーから徐々に解放されるようになり、また人生に様々な変化が起こるようになりました。人生はよりよい方向に向かっていくように思えました。本当にわくわくする体験でした。

個人的に気づいたいくつかのこと

いい聴き手が必要です

まずは何よりもこのことを言いたいと思います。自分一人だけで、こんなふうに自分と一緒にいるのは簡単ではありません。共にいてくれ、私がそこにあるものといっしょにいるのを手伝ってくれ、それを邪魔者扱いしようとするのを防いでくれる、いい聴き手が必要です。

注意の焦点を動きに合わせましょう

私は、注意を痛みそのものよりも、私を動かしているものに向けました。それはまるでその動きが、私がつかまえておくべき何かポジティブなものを与えてくれているかのようでした。それは私がおなじみのものを通り抜け、それを越えて、私の内側にある私の知らないまったく新しい場所に動いていく間中、私を安全にしておいてくれました。

姿勢が取っ手になりました

姿勢全体、つまり私が自分自身を保護したり守ったりするために行っていることが取っ手になりました。私は姿勢のボディセンスを、全体としての私の感覚に共鳴させました。すると、この二つのあいだにもっと何かが起こったのです。

そして、必要なのはこれですべてだったのです！

これは、じっくりと体験するということでした。自分自身のからだに感じられる体験がより生き生きと息づき、そして新しい動きに目覚めていくようでした。それはそうなりたいと感じられていたことであり、それ以上の何も必要ではありませんでした。

理解するというのはまた別のこと

理解、分かる必要性、知ること、洞察、これらがやってくるかもしれません。でも、これらはあくまでも副次的なことであって、第一に目的とされることではありません。第一の目的は、体験そのものに浸ることです。それ以上はなにも必要ではありません。ただ体験に浸ろうとすることと以外のことを持ち込むことは、体験そのものがもたらしてくれるものを邪魔するだけです。

内なるガイドは何も言ってくれないことが多いのです

内側からの動きの体験そのものは、しばしば言葉を伴わなかったり、言葉以前であったり、前概念的だったりします。何かが起こるという唯一のサインは、それ自体に何か気持ちがあるように思われる、かすかな動きだけだったりすることが多いのです。このような場所に留まることは簡単ではありません。なぜなら心は何かはっきりと確かなものを求めたがるものだからです。はっきりしない、分からない、あるいは理解できない場所にいることは心にとって落ち着かないものです。これは心が私にしてくれることなのです。心は私たちを安全に保ち生き続けさせるために、分かりたいと願い、理解したい、はっきりさせたいと思うのです。心は過去の経験を確認し、それと今の経験とを比較しなければなりません。もし過去と一致しなければ、心はとても落ち着かなくなります。心は自分が知っていることと一緒にいることを好みます。ですからいまだはっきりしない、そしてまだ分からないというこの言葉以前の、前概念的な体験と一緒にいるには勇気が必要なのです。

注意は、「それ以上」に向かうための体の機能に向けられる

ホールボディ・フォーカシングは、より良いまたはもっと自然な方法で機能するような変化をもたらします。ホールボディ・フォーカシングは、決してもっと分かるという方向に向かうことではありません。それがホールボディ・フォーカシングの一部として得られることはありますが。このプロセスは、全体の流れと共にいて、私たちに起こりつつあることを体験し、からだで応答する私たちの一部と共にいることです。そして、私たちがそこにあるものと共にいてそれに気づくにつれ、私たちは人生の状況に自分がどのように反応しているかについてもっと具体的に気づくようになり、そしてまたどのように違った反応をすることができるかにも気づくのです。

他の人たちの体験

私はポールのことを考えます。彼があの日、数年にわたって手根管症候群を患っていた自分の手首にどんなふうに注意を向けながら座っていたのかを思い出します。そして症状がどんなに急激に変化したのかを思い出します。そしてその後、ポールがどんなに楽になったのかということを。ポールにはそれがなぜなのか、どうしてそうなったのかは分からないのです。でも、症状は消えました。手首そのものが変化を起こしたのです。

また私は、ケイのことも思い出しています。彼女にとって、からだにただ動きを起こるがまま

にしておくことがどんなに難しく感じられたか。そしてなぜそれが起こるのか、どこに行こうとしているのか分からないままにしておくのがどんなに難しかったかを思い出します。彼女のように科学的な訓練を受けた人にとっては、ただ動きをあるがままにしておくことは簡単ではなかったのです。彼女にとって、そのまま、何の期待もせずにこんなふうにただ自分自身と一緒にいることに満足するのは難しいことでした。そして私は、とても短かい時間ののちに、彼女がどんなふうに今の自分自身とそのまま一緒にいるという感じが持てるようになったかということも思い出します。

さらに私は、照子のストーリーも思い出します。照子の初めてのホールボディ・フォーカシング体験がどんな感じだったかを思い出します。彼女は自分自身のほんとうに大事なエッセンスに触れ、そして自分がもっともっと大きなものの一部であるということを発見したのです。それは本当に豊かな体験でした。そして、それは直接彼女自身のからだからやってきたのです。

自分を愛するための時間

ある日、私がこんなふうに自分自身と一緒にいた時、やってきたのは自分を深く愛するという体験でした。それは言葉にするならこんなふうに言うことができたかもしれません。「私の部分が愛されていると感じることができるようになった時、それは自らを癒すプロセスに目覚めるのだ」と。

さらにもう一つ：共感的に聴くことの価値

もし他の人の体験を共感的に聴くことができたなら、自分の内側の新しい可能性に開かれていくことができるのだということを私は発見しました。その可能性は、もしこの共感体験がなければ、知ることはできなかったであろう可能性なのです。

例えば、もし私が、私がやったことのない方法でとても心が開かれた状態にある誰かのボディセンスを感じたことがなければ、どうやって「心が開かれている」ということが何なのかを知ることができるでしょうか？私は他の人とワークするのが好きです。それは「開かれた心」やその他の私が持っていない性質を――豊かに！――持っている他の人とのあいだで、真実と共感的な瞬間とを分かち合いたいからです。これは健康な共感的関係においてやってくる贈り物のようなものです。そして私が共感的になればなるほど、私は人になるということがどういうことなのかということについての自分自身の体験をもっと大きくし、そして豊かにすることができるのです。

他の人の体験に対して共感的になることを学んでから、私は自分自身に対しても共感的になることができるようになりました。私は、特別な助けや特別な注意を必要としている自分の部分との共感的な関係を持つことができるようになりました。そういった関係を持つようになると、何かが変わるのです。シフトが起こり、その問題の部分は、全体としての私のなかで、もう一度そのあるべき場所を見つけることができるようなのです。また、私は私の部分に、私がふだんやっているよりもっといい方法で、なんらかのアクションをどんなふうに行えるだろうか、と尋ねることもできます。

例えば、私は散歩に出かけ、自分の足に、私を歩かせてみて、と頼みます。そうしてみると、それはまったくいつもとは違った感じです。いつもの散歩に比べてもっと軽やかで、自由な感じなのです。私の内側の何かが私を歩かせてくれているという感覚に私は気づきます。そして同時に、この起こっていることを観察できる「私」がいるのです。こんな状態の自分がいると、私は起こっていることを選ぶことができ、また起こっていることにもっと自分をチューニングさせることもできるのです。私はまた、このような心と体のつながりは、私がそれがどうあるべきかとか、私がそれにどうなってほしいかという期待にとらわれている限り、決して起こらないということを知っています。

これは、自分が起こっていることの観察者であるということと、同時に私の望みを何の努力もなしに成し遂げてくれる私の中の内なる何かに気づいているということの両方についてのことなのです！ そしてそれ以上のことでもあります。これは私の想像を超えて自然に機能することを知っている内なる何かと関係を持っている私についてのことなのです！ 内側にこんな同伴者を持つということは何と素晴らしいことなのでしょうか！

ホールボディ・リスニング

これは、そこにあると私が考えていることと、そこにあることとの違いをはっきりとさせてくれるリスニングです！

私がホールボディ・リスニングと呼んでいるものは、何年にもわたるフォーカシングの経験と、ホールボディ・フォーカシングのリスナーをした経験と、加えてジャネット・クラインが考案したインタラクティブ・フォーカシングを教えたり実践したりする経験から生まれてきたものです。インタラクティブ・フォーカシングのリスニングの方法を大きく変えました。リスニングのモデルには、とても重要な要素があり、それが私のリスニングの時に、共感的になるとはどういうことかということを学べただけでなく、自分が相手はこうだ、と思うことと、相手が自分がこうだと感じていることがどんなに違うかということを、思い知らされたのです。それまで、私は、自分には直感的に人のことを、相手が表現してくれてもしてくれなくても、「こうだ」と分かる力があるのだとうぬぼれていました。でも私は、私が相手のことをどうなのかと思うのではなく、また私が何を感じるのかにかかわりなく、相手がどうなのかということに耳を傾け、それを分かるために相手と一緒にいることを自分は学ばなくてはならないということを自覚するようになりました。そして、その二つのどっちがどっちなのかをどうやって区別すればいいのかが課題となりました。

例を挙げてみましょう。あなたの大事な友達が、家族の一人が急に亡くなったということについて何かを言ったとします。そのことについて同情する気持ちから、何か温かい言葉、やさしい、支えになるような、慰めになるようなことを言わなくてはと気がはやるというのはよくあることですね。あなたの心には相手に対する思いやりが溢れるかもしれません。もし、ちょっと時間を取って自分に、「友達は今、どう言ってほしいと思っているのだろう？」と聞いてみたらどうなるでしょう。そして答えが浮かぶのを待っていると、あなたの内側の奥深くから、言葉が浮かび上がってきます。でもそれはまったくふさわしくないように思えます。それは今友達から言われたことにはまったく合わないように思えるし、期待されている言葉のようにも思えません。でも、それをあなたのフェルトセンスと照合してみると、その言葉はまさにぴったりに思えるのです。これを伝えてだいじょうぶなんだろうか、という不安があるのに、でもなぜかどこかからあなたには、その言葉は伝えなくてはならない言葉なのだと信じる勇気がやってきます。そしてうまくいきますようにと祈りながら、あなたはその言葉を伝えてみます。すると、その言葉はまさに友達の気持ちにヒットするのです！　友達は元気を取り戻します。あなたの言葉が相手の深いところに届いたことがあなたには分かります。友達は驚いてあなたを見て、そして、「どうして分かったの？　今、ほんとにそういってほしかったの！」と言うのです。

あなたと、今、言われたこととの間に関係を生み出すようなリスニング

これが、私があなたと一緒にやってみたいと思っているたぐいのリスニングです。これは、まずあなたが少し時間を取って立ち止まり、そして今言われたことをボディセンスとして取り入れて、それとあなた自身とに時間をあげ、そのこと全体のフェルトセンスから直接、応答が形成されるようにするようなリスニングです。私が強調したいのは次の点です。つまり、あなたとそれとの間から何か新しいものが生まれてこられるだけの充分な時間、それとあなたが関係していられるように、あなたとそれとに時間を取るということです。ホールボディ・リスニングでは、「今ここの私」の感覚と、二つの部分が別々に、そして同時に抱えられた時にちょうど感じられた「フェルトセンス」の両方が必要なのです。ホールボディ・リスニングは、何か新しいものが生まれてくるまでその両方を抱えていられる能力です。

もう一つ例を挙げましょう。私と友達との例です。彼女は自分にとってとても大事なことについて、私に本当に聞いてほしがっていました。彼女が一種の気合いを持って私に近付いてきたとき、私には、彼女が私に自分の言いたいことを「分かって」ほしがっていることが分かりました。私が反射的にしたことは、後じさりすることでした。私はそれにかかわりたくなかったからです！　それはまるで、そのことを聞くより前に私がそれを恐がっていたかのようでした。これは私がまさに彼女の言わなくてはならないことを聞こうとしていたその時に、私の内側で起こっていたことなのです！

これは自分が圧倒されそうになる恐怖に襲われたときに、私が自分を守る方法であることを私は知っています。でも、その日、私は違ったやり方をしてみました。彼女の話を聴いている時、私は彼女に、ちょっと待ってもらい、彼女が今言ったことを取り入れるための時間をとりました。私は、「とてもいろんなことを話してくれていると思うけど、それを全部自分の内側に入れるにはちょっと時間が必要だから」みたいなことを言いました。こう言ったことで、彼女が言ったことの「いのちを持った部分」を、自分のからだ全体を通して感じるための時間とゆとりを持つことができました。そう、自分のからだの上から下まで、足元にまでいきわたらせて感じてみました！　これができると、圧倒されるような感じはあまりしなくなりました。それは、同時に、自分が自分の二本の足でしっかり立っているということを感じることができたからです。そこには私の感覚と、そのことについての彼女の感覚とがありました。それは彼女の感覚であって、私のではありません！　それに気づいて、ほっとしました。すると、彼女のストーリーを聴くゆとりができたのです。彼女に引きずられそうな気持ちがしてきた時には、常に「今ここの私」の感覚に戻りました。ここで大事なのは、彼女の話と私とを分けることができるようになったということと、自分に時間とゆとりを与えて、彼女が聞きたいと思っていることと本当にフィットする何かが生まれてくるまで、彼女の話のフェルトセンスと一緒にいられるようにしたことです。

このリスニングは、私が知っていることを越えて私の世界を広げてくれます

このようなリスニングをすることは、リスナーはもちろん、フォーカサーにとっても価値があります。語られたことに対する反応として、何か新しいものが生まれてくるために必要な時間を

自分のために取った時、私の内側では、私自身の内なる準拠枠が広がり、自分の枠だけでなく彼女の枠までもがそこに含まれるようになりました。私の世界は広がり、他者の世界をもその中に包含するようになりました。それはひとえに、私が自分自身の体験ではなく彼女の体験にぴったりフィットする応答が浮かんでくるようにしたからです。この新しく生まれたものに声を与えることで、私は自分の人生の体験を自分を越えて広げることができ、また私がそうなるべく意味づけられている人間としての、「今ここの私」の感覚を強化することができました。

こうやってホールボディ・フォーカシングは本当は展開してきたのです!

実を言えば、ホールボディ・フォーカシングはこのようにして展開してきたのです。他者に耳を傾けることを通じて、そしてそこにあるものの感覚を自分のからだ全体を通じて足元にまでゆきわたらせることで、私は言葉を浮かび上がらせるために必要な時間と空間を持つことができます。そしてその言葉は、私が自分で作ったとは思えないようなものなのです。それはまるで、フォーカサーが私に、自分にはどう言ってもらうことが必要なのかを教えてくれて、その言葉が私の口からこぼれでるかのようです。そう、それはまるであなたが私に、どう言ってもらう必要があるのかを教えてくれて、私は応答する前にその言葉がはっきりしてくるのを待っているかのようなのです。これがホールボディ・リスニングです。そしてこうやって私は自分のまわりの世界に「もっと」触れていっているのです。

プロセスとしてのホールボディ・リスニング

(1) リスナーの最初のステップは、フォーカサーが今、話したストーリー（またはストーリーの一部）の「いのちを持っている部分」を感じるための時間を取ることです。リスナーはちょっとタイムを取らせてもらってもいいでしょう。私はよく、「これを自分の中に入れるのにちょっと時間をもらいたいんですが」と言ったりします。

(2) こうすることで、リスナーは「これのすべて」の感覚を自分の中心で感じながら、同時に一方で自分自身の感覚を持ち続けるための時間を取ることができます。この両方を抱えていられることで、私自身の空間にしっかりと立っている、私が「今ここの私」の感覚と呼んでいるものと、聞かれたいと思っているもののフェルトセンスとの間につながりを作ることができます。

(3) リスナーは、このつながりから直接、何か新しいものが形づくられてくるまで、両方と一緒にいるための時間を取ります。これにはあなたが思っているよりも長い時間がかかるかもしれません。また、あなたは自分のフェルトセンスを確認し、またもう一度確認する必要もあるかもしれません。なぜなら、浮かんでくる言葉はまったくあなたやあなたが自分が言うだろうなと思っていることとはつながっていないように感じられるかもしれませんし、またしばしばフォーカサーが言ったこととも関係ないように感じられるからです。この部分は練習が必要ですが、慣れれば浮かんでくることに対して信頼が持てるようになります。

(4) 次にやってくるのが一番難しいパートです。危ないパートでもあります。ここであなたは、浮かんできたことを言い、そしてその言葉がまさにフォーカサーにとって聞く必要のある言葉なのだということを信じなければなりません。これはとても難しいことです。なぜなら、しばしばその言葉はあなたの言葉のようには感じられないからです。この言葉はどこからきたんだろう？　あなたにはそれが分かりません。だからそこにはリスクがあるのです。自分の中にはどこにもそれが正しい言葉だと教えてくれるものはないのに、それでもどこかにその言葉に引っ張られる感じがあるのです。あなたのなかの何かが、これこそが表現されるべき言葉だと知っているのです。ここで大事なのはこれを信じることです。この内なる知恵のある場所を信じること、そしてそれを表現してやることが大切なのです。

(5) リスナーはこの言葉に表現というかたちを与えたあと、少し下がって、この言葉がフォーカサーにどのように感じられたかがフォーカサーから語られるのを待ち、やってくるものをサポートします。実際には、言ったことに対してリスナーは自分の言葉という感覚はありません。なぜならそれは「自分が手がけたのではない」場所から浮かんできたものだからです。ここでは正しくある必要はありません。もし言葉がぴったりくればそれでいいですし、もしぴったり来なくても、それはそれでいいのです。

(6) もし状況が、とても親密な心からのコミュニケーションであれば、リスナーはフォーカサーの応答を取り入れます。リスナー（実際には新しいフォーカサー）は、その応答についての自分の感覚と一緒にいて、それが自分の人生にどんなふうに触れたかを感じるために必要な時間を取ります。そして今、言われたことに対する応答として新しい何かが浮かんでくるのを待ちます。そしてこれが続いていきます……。

ホールボディ・フォーカシングの魅力

土井晶子

――〝世界と恋に落ちる、自分と恋に落ちる〟（falling in love with the world around you as you fall in love with yourself）――（ポール・ハシルトの言葉）

ホールボディ・フォーカシングの魅力は、このポールの言葉に凝縮されているように思えます。（この言葉はケビンとポールによる「ホールボディ・フォーカシング」のビデオ〔*1〕の中でのコメントです）。ホールボディ・フォーカシングを通じて、私たちは世界と恋に落ちる自分を発見し、同時に世界に愛されている自分に気がつきます。自分がいかに世界というものとつながっているのか、そして自分がいかに世界から愛おしく思われているのか、それは私たちに「世界に生きている実感」を新たにさせてくれます。

ホールボディ・フォーカシングの素晴らしいところは、この「愛されている」という感覚が、外から与えられたものではなく、実はずっと自分の中にこれまであったものだと分かることでしょう。ホールボディ・フォーカシングをしたから、世界と恋に落ちたわけではなく、私たちは実はそれ以前からずっと、世界と愛し愛されている関係にあったのです。ただ、私たちはなかなかそれに気づくことができません。でもそれに気づいた時、瞬時にして私たちには、それがずっと以前から自分の中にあったことが分かるのです。これはまさにフォーカシングの考案者であるジェ

〔*1〕"Wholebody Focusing with Kevin McEvenue"（ビデオ、Nada Lou Productions製作、一一四分、www.nadalou.com にて入手可能）

ンドリンが言っていることそのままです。「ひとは、ずっと自分にとって真実であったけれど、それまでは気づかなかったこと」(Gendlin, 1964)に、このようなプロセスを経て気づくのです。

ホールボディ・フォーカシングとはどのようなものでしょうか?

ホールボディ・フォーカシングについては本書の前半で、考案者であるケビンが説明していますが、実際に体験するまでは少し分かりにくいかもしれません。ここでは少し補足的に、ホールボディ・フォーカシングがいったいどのようなものなのか、ケビンとポールのワークショップに参加したことのある私自身の体験をもとにしながら、説明を加えてみたいと思います。

ホールボディ・フォーカシングは、アレクサンダー・テクニークとフォーカシングとを組み合わせて、カナダのケビン・マケベニュ(Kevin McEvenue)が考案し、同じくカナダのポール・ハシルト(Paul Huschilt)と共に実践している方法です。ケビンとポールの二人は、アメリカのフォーカシング研究所(The Focusing Institute)認定の Certifying Coordinator (トレーナー認定の権限を持つコーディネーター)でもあります。ケビンは最初はアレクサンダー・テクニークのインストラクターをしていたのですが、ある日フォーカシングと出会い、フォーカシングとアレクサンダー・テクニークを組み合わせるという独自の手法を開発しました。ポールは、何度も来日してワークショップを開催したことのあるアン・ワイザー・コーネル(Ann Weiser Cornell)のところでフォーカシングを学び、一九九二年からケビンと二人でホールボディ・フォーカシングの実践に携わっています。

このように、ホールボディ・フォーカシングには、フォーカシングだけでなくアレクサンダー・テクニークがベースにあります。でも、アレクサンダー・テクニークを全く知らなくても、ホールボディ・フォーカシングの魅力を体験することはじゅうぶんに可能です。

アレクサンダー・テクニークとは

イギリスの舞台俳優F.M.アレクサンダーが開発した手法です。演劇の世界などでトレーニングとしても広く使われています。日本の「野口体操」に近いものだと言えるでしょうか。

私自身は実際にアレクサンダー・テクニークの訓練を受けたことはありませんが、ワークショップではケビンから次のように教えてもらいました。それをもとに少しご紹介したいと思います。

アレクサンダー・テクニークとは、無意識のうちに身に付いてしまっている体の癖を直すための方法です。もともと、ひとは自分で「直そう」とすると、同じ方向に努力してしまう傾向があります。そのために、直そうとがんばってもなかなか直せなかったり、またかえって悪くしてしまったり、ということがしばしば起こります。あげくに、いったいどうすればいいのか分からない、という状況に陥ってしまいがちです。

F.M.アレクサンダーは、このような場合に、どうすればいいかを考え出しました。

このような「分からない」という不安からむやみにからだを動かしても、ひとは本来の動きや姿勢に戻ることはできません。戻るためには、「他の何か」が生まれてくるためのスペースを自分の中に作ることが必要です。そうすることで、本来のものが自然に動き出せるようになるのです。

まず考えなくてはならないことは、「からだの自然な動きを妨げているものは何だろう」ということです。

F. M. アレクサンダーは、からだの一部に変化を起こすためには、からだ全体が生き生きと(come alive)していなくてはならない、ということを発見しました。

アレクサンダー・テクニークでは、

・生き生きとしたからだ全体と、その部分とがつながっていることが感じられること、

・それまでの癖から離れて、新しい何かが生まれてくるためのスペースを作ること、

が大事なことだと考えられています。

では、ホールボディ・フォーカシングとは

ホールボディ・フォーカシングの中心となる考え方は、「変化はからだそのものの内なる知恵から生まれる」ということです。

アレクサンダー・テクニークは本来のからだ・姿勢を取り戻すことを目標にしています。ホールボディ・フォーカシングは、アレクサンダー・テクニークとフォーカシングとを組み合わせることで、それだけにとどまらず、内なる自分に変化をもたらすことを可能にしました。フォーカシングが組み合わせられたことで、姿勢からだけでなく、感情や気持ちからもプロセスをスタートすることができるようになったのです。

ホールボディ・フォーカシングでは、からだの感じや、内側から生まれてくる動きに注意を向けていきます。内側からの動きに注意を向けて、からだが動きたがっているその動きにまかせてみます。そうするとその動きにつれて、内側が変化していくのです。

からだの癖や、調子の悪いところに対して、「直そう」とがんばるのではなく、それをあるがままに受けとめ、からだ全体（ホールボディ）で感じられるままに、それをもっとのびのびさせてみることが、ホールボディ・フォーカシング的な態度なのです。それはどんな感じで、どこにあって、何を必要としているのか。そして、その問題のあるからだの部分からさらに生まれてくる、「何か」のためのスペースをつくります。するとここから、「新しい何か」、「より以上の何か」が生まれてくるのです。

ホールボディ・フォーカシングで大事にされていることは、「地に足がしっかりとついている感じ」を常に感じていることです。動いている自分のからだ全体がしっかりと地面で支えられていることを感じながら、同時に、注意を向けてほしがっている部分にも意識を向けます。部分と全体との両方を感じつつ、両方がつながりを持って感じられるようにしていると、さらにダイナミックに内側が変化していきます。それは、それまでにしたことのないような新しい動きとなって表現されます（これはほんの小さな動きのこともあります。小さくてもじゅうぶんなのです）。

そして、その動きが取っ手（ハンドル）となります。そこには新しいステップが暗示されています。そしてそこから展開するプロセスで、次の何かが開けてくるのです。

ホールボディ・フォーカシングでは、身体的なゆがみが修正されるだけでなく、精神的な成長や内面の充実、豊かさが私たちにもたらされます。そして、人生をありのままに恵みとして受けとめることができるようになります。

ホールボディ・フォーカシングは、ふつうのフォーカシングよりも、もっと「からだまかせ」なやり方です。その意味ではこれはとても「からだ的」な方法だと言えます。でも、実際に自分の内側で起こることは、とてもスピリチュアルです。世界に抱かれるような感じ、何か大いなるものとつながっている自分、世界がまったく新しく自分の前に開かれていくような、そんな体験です。

私自身は、フォーカシングでいうこのようなスピリチュアルな体験を、ホールボディ・フォーカシングを通じて初めて体験しました。後述する私の例で、ホールボディ・フォーカシングを少しでも身近に感じていただければ幸いです。

ホールボディ・フォーカシングを始める基本的なプロセス

では、ホールボディ・フォーカシングは具体的にどうやって進められていくのでしょうか。本書の前半にケビンはいくつかの例を紹介していますが、その他にもケビンはいろいろなバリエーションを持っているようです。基本となる考え方・やり方はこれまで繰り返し述べられているとおりですが、ここでは、恐らく基本にもっとも近いスタートの手順だと思われる、私自身がケビンのワークで体験したプロセスをご紹介します。

① インチューンメント(Intunement)

まずは、環境を呼吸する／環境に支えられていることを感じることから始めます。(Get support of the environment.)

自分を取り巻いている「今」の環境を感じてみます。聞こえてくる音や、風や空気の感触、その中にいて今の自分にはどんな感じが感じられているのか、丁寧に感じてみます。ここでは他に、

・支えられている感じを感じたり(センサリー・アウェアネス)、

・からだの力を抜いて椅子に体重をまかせてみたり(ちょうど自分が着ている「鎧」を外すように)しながら、

・呼吸に注意を向けていきます。

こうすることで、からだ全体（ホールボディ）に注意が向きやすくなります。

▼インチューンメントは、ふつうのフォーカシングを行う際の導入で行う、からだの感じを一つずつ確かめていく作業に相当します。フォーカサーは座ったままでもいいし、立ってやっても構いません。「立つ」というのはホールボディ・フォーカシングの大きな特徴です。

▼インチューンメント後は、フォーカサーは立って行います。

② **あなたに注意を向けてほしがっているところはどこでしょう**

（ここまでをインチューンメントに含める時もあります）

・「地に足がしっかりついている感じ」を確認します。

・からだが自然に動いてきますが、その動きに身をまかせます。左右に揺れたり、上下に動いたり、声が出たり、いろいろな動きが起こってきますが、その動きそのままにまかせます。ですが、動きに「流される」のではなく、「自分が」動いているという感じを持つことが大切です。「動き」を常に意識し、自分が動きに許可を与えます。

③注意を向けてほしがっている部分をそのまま受け止めます

ひとりぼっちでつながりの途絶えていたその傷ついた部分は、ひとりではない、ということが分かると、全体とのつながりを回復し始めます。

▼ケビンは、このようなプロセスが起こるのは、「あなたが一緒にいてくれる時、私は自分をもっとも愛することができる」からだと言っています。(I can love me best when I am with you)。ひとは、誰かが一緒にいてくれることで、自分をもっと愛することができるのです。同じように、ひとりではないということが分かると、傷ついた部分もそれ自身をもっといたわることができるようになります。

傷ついた部分は、再びつながりを回復すると、のびのびしはじめます。そして、かすかな内側からの動きが始まります。

④再びつながりを得ると、傷ついた部分の修復プロセスがスタートします

からだ全体が共にいることによって、傷ついた部分に備わっている癒しのプロセスが目を覚ま

します。(Presence of the whole awakens the wounded part to its own healing process.)

⑤ 傷ついている／傷ついたストーリーとともにある、停滞していたからだの部分が、自由なエネルギーを得て回復へと動き出します

この後に引き続いて起こるプロセスはそれぞれにユニークで、そしてからだで表現される動きはそれぞれにとても優雅で美しいものです。

ホールボディ・フォーカシングのプロセス：独自の視点

ホールボディ・フォーカシングには、ふつうのフォーカシングとはちょっと違った独自の視点が導入されています。

地に足がついた感じ

まず、「常に大地の感じを感じること」です。ホールボディ・フォーカシングは基本的にリスナーもフォーカサーも立ったままで行います。地に足のついた感じ、地面がしっかりと自分を支

えていてくれる感じを何よりも大事にします。その感覚がホールボディ・フォーカシングのプロセス全体を支えることになります。

ふつうのフォーカシングでもあることですが、プロセスの途中で、行き詰まったり、どう進んでいいのか分からなくなったりすることがあります。そんな時、ホールボディ・フォーカシングでは、「『地に足がついた感じ』を感じ直してみましょう("Find your feet")」とガイドします。

「錬金術」(alchemy)

「地に足がしっかりついた感じ」を感じながら、「傷ついた部分」に注意を向け続けると、内側に変化が起こってきます。ケビンはこれを錬金術(alchemy)と呼んでいます。この時、からだの中に注意を向けてほしがっているところがあるかどうかを感じてみながら、からだ全体にも同時に意識を向けるようにします。ホールボディ・フォーカシングでは、この両方を一度に感じることがとても大切です。そして、地に足がしっかりついた安全な状態を作っていれば、自分のからだのどこで問題を感じているのかを、楽に感じ取れるようになります。

さらに、今、からだにはどんな感じがあるのかな、ということを、からだ全体に意識を向けながら感じてみます。そして、その感じがのびのびできるように、動き出せるように、もっと内側にスペースを作っていきます。ここでのポイントは、その感じはなんなのか、ということを突き詰めない、ということです。頭で「これは何だろう」と考えるのではなく、感じそのものをじゅうぶんにからだ全体で感じ取り、そしてそこから生まれてくる動きに体をゆだねていきます。

動きに体をまかせるのですが、その動きがほんとうに「感じ」が動こうとしている動きなのかどうか、については必ず意識的に確かめ、自分が動きに許可を与える必要があります。意識的にこのような許可を与え、そしてなおかつ動きに身をゆだねていくことで、傷ついた部分がそれ自体の癒しのプロセスをたどり始めるのです。

ホールボディ・フォーカシングのキーワード

「今ここの私」(Me Here)

「今ここの私(Me Here)」というのは、ホールボディ・フォーカシングの重要なキーワードです。

これは単なる「私」とは違います。「今ここの私」というのは、私が自分の二本の足でしっかりと大地を踏みしめている時に、私の中から生まれ出てくる「ある何か(quality)」です。これはエネルギーそのものであり、また何か大いなる力のようなもののように感じられるものです。そして、この「今ここの私」は、私が「より全体としての私」になっていくことを可能にしてくれるのです。

この「今ここの私」を言葉で表現するのは難しいのですが、ケビンの表現を借りると次のように言いかえられるようです。つまり「今ここの私」とは、

・体験で起こる「何か」であり体験以上のもの
・単なる「私」以上のもの
・開けていく可能性
・大いなる力、そして恵み。

ケビンはまた、「今ここの私」によって、私は私の好きでない部分（これはジェンドリンの言う「クライエントのクライエント」でもあります（Gendlin, 1984））とつながりを持つことができるとも述べています。

「私」とこの「今ここの私」との違いについて、もう少し触れておきましょう。ここでいう「私」というのは、ふだん私たちが自分という意味で使う「私」です。これはプロセスで起こっていることのオブザーバーです。そして、「私」は「今ここの私」をプロセスに招くことができます。「私」が「今ここの私」のエネルギーにその姿を現してもらうことができるのです。

「共にいる私」(Me-being-with)

もう一つ、よく似た表現ですが、「共にいる私」(me-being-with）というキーワードがあります。これは、ひとがどのようにして何かとつながっているか、どのように何かと共にいるのかという、

そのつながりのありようを表す用語です。

これは態度というのに近いですが、態度と少し違うのは、そこに私というもののその時の質が含まれていないことです。質というのは、例えば、その時の自分がどのような自分であるかということです。ある時は私は自分自身をとても小さな私、と感じるかもしれませんし、別の場合にはもっと大きな私、を感じることもあるでしょう。そのような「私」についての質はこのキーワードには含まれません。これはいわば、私と何かとのインターフェースがどうなっているか、その接触しているところがどうなっているか、ということです。私の何かとのかかわり方、そのかかわり方そのものと言うと少し分かりやすいでしょうか。

内側からの動き(Inner directed movement)

ホールボディ・フォーカシングで大事にされるのは、「内側からの動き」です。これは、気がかりを探してそれを動きで表現するというのとはちょっと違って、例えばインチューンメントで感じられたからだの感覚そのままに動くという動きです。完全に「からだまかせ」という感じです。もちろん、ホールボディ・フォーカシングでは、動きたくないという感じがあれば動かなくても構いませんし、動きではなく声が出ることもあります。

どのような場合でも、内側から動かされる感じ、かすかな動きをとても大切にします。「からだが次を知っている」(「私」にはまだ分かっていなくても!)というからだへの信頼が基本にあります。動いていくからだを感じながらついていく。動きにからだをゆだねているだけでも大きな体験をすることがありますし、「今の生活の中でこんな動きで感じられることはなんだろう」とここからフォーカシングに入っていくこともあります。

腕があがるエクササイズ（内側からの動きを感じるためのレッスン）

この「腕があがるエクササイズ」は、ホールボディ・フォーカシングのワークショップで、導入としてよく行われるレッスンです。ホールボディ・フォーカシング的にからだの感じに触れていくやり方になじんだり、からだの内側から生まれてくるかすかな動きを感じ取ったり、それについていく感じを体験したりするのにとても分かりやすいワークです。（このワークの具体的な手順については巻末の付録に収録しています。）

やり方はごく簡単です。ペアになって、フォーカサーは自分の腕をあげていく、ただそれだけです。でもその腕のあげ方は、頭で「こうしよう」と考えてあげるのではありません。その時の自分のからだがあげたいようにあげていくのです。

最初は指が少し震えるだけかもしれません。そこから震えがひじや肩に伝わっていって、徐々に腕があがっていくのかもしれません。腕をあげるためには、からだが前後や左右にゆらゆら揺れたりすることが必要かもしれません。腕のあがり方は、ひとによって、そしてその時によってまったく違います。そしてその動きは、フォーカサーそれぞれに、とても優雅で魅力的です。

ここでは、からだが行きたいように行かせます。ただし、いつもからだに注意を向けていなくてはいけません。からだまかせにするといっても、自動的にからだがただ動く、というのはホールボディ・フォーカシング的ではありません。常に、瞬間瞬間に、からだの動きに「自分が」許可を与えたりチェックしたりしながら動かしていくのです。

大事なのは、自分のからだを信じること、そして、「からだに、腕があがりやすくしてくれるよう、腕があがるのを助けてくれるよう頼んでみること」です。あなたのからだがあなたにとっての腕のあがり方を知っています。

このワークをしていると、動きにつれてフェルトセンスが生まれてくるのが感じられるでしょう。動きがフェルトセンスを生み出すのです。これはふつうのフォーカシングでやってみるような、フェルトセンスを動きで表現する、というのとは違います。

腕があがったら、そこで出てきた動きや感じについて、「今の生活でそんなふうに感じられていることはあるかな」、とフォーカシングに入っていく方法もあります。でも、ただ、動きを感じているだけで、内側が大きく動いてスピリチュアルな体験をすることもあります。私の初めての「腕があがるエクササイズ」がまさにそんな体験でした。

「世界に愛されている（The world loves me）」という気づき：フランスでの体験から

これは二〇〇三年にフランスのブルターニュで行われたケビンとポールのワークショップに参加した時の体験です（土井、2003/2004a/2004b/2004c）。私にとっては初めてのホールボディ・フォーカシング体験でした。

いろいろなワークをしましたが、この「腕があがるエクササイズ」が、シンプルでいながらいちばん印象の強いものとなりました。

前述のように、立って、両腕をあげていく、ただそれだけです。が、どういうふうにあがっていくのかはからだにまかせます。

まずびっくりしたのは、腕はそんなに簡単にあがらない、ということでした。腕をあげようとした途端にとまどいがやってきます。ケビンからは、からだにまかせること、からだが知っているということを信頼して待つこと、そしてからだに「腕があがるのを手伝って」くれるよう、「どうやったら腕があがりやすいか」からだに聞いてみるよう（"Ask body to facilitate the raising of arms"）ガイドされました。このfacilitate（手伝ってそのことがやりやすくなるようにする、という感じが近いかもしれません）というのが、「ああそういうことか」と私にはとても響きました。

あとはただからだにまかせてゆっくり感じを確かめていると、からだのいろいろな部分がいろいろな動きをしながら、少しずつ自然に腕が（様々に微妙な動きをしながら）あがっていきます。腕があがるためには腕以外の部分の動きも必要で、それが自分のからだが腕をあげるのを支えて助けてくれるのが分かります。

ただ腕があがっていくだけのことなのですが、内側がそれにつれてじわじわと、でも確実に動いていくのが分かりました。だんだんと、何か、大きな存在とつながっているような感じ、自分が両腕に環境を抱いているような感じがわきあがってきました。そしてふっと浮かんできた言葉が"The world loves me"（世界に愛されている）というフレーズでした。

瞬間、まったく新しい世界がぱーっと明るく目の前に開けた気がしました。私の前に、世界はそれまでとはまったく違って感じられました。世界は新しく、鮮やかで美しい姿を見せてくれたのです。これは私にとって、フォーカシングでの初めてのスピリチュアルな体験でした。

私はそれまで、フォーカシングでのスピリチュアルな話を聞いても、あまりよく理解できず、どこか遠い世界のことのように思っていました。それはたまたま何かのタイミングで選ばれた人だけに訪れる、特殊な瞬間なのではないかとも感じていました。

でもホールボディ・フォーカシングによって、私は、それがすぐそこに、自分の中にもうすでにあったのだ、ということが分かりました。ただからだにまかせて腕があがっていった、そしてその作業の間、ずっと一緒にリスナーがいてくれた、そのことによって、私にとっての世界は様相を変えました。世界はよりみずみずしく、そしてより光に溢れたものとして私の前にあり、そして私には、自分がずっと以前から、世界から愛されていたことが「分かった」のです。

ホールボディ・フォーカシングでのこの体験を通じて、私はどこかで「人生が変わった」という気がしています。それは、何か自分の中に、確かなものが一つ生まれたというような感じです。

そしてそれはささやかな何かではあるけれども、今も揺るぎなく自分を支えてくれています。

ホールボディ・フォーカシングで困った時のヒント

ところで、実際にホールボディ・フォーカシングのワークをしてみると、いつもスムーズにいくとは限りません。ここではそんな時に役に立つ、ケビンが教えてくれたヒントをいくつかお伝えしましょう。

からだに聴いてみる

ホールボディ・フォーカシングでも、ふつうのフォーカシングと同じように、どうしたらいいのか分からない時や、プロセスが動かなくなって迷子になったような気分になることがあります。そんな時は、とにかく一度、からだに聴いてみます。その時、もう一度「地に足がしっかりついた感じを感じ直してみる」ことがとても有効です。

自分のからだのどこかに、次に必要なことが何かを知っているところがあるはずです。しっかり地に足をつけて、もう一度からだを感じてみましょう。次に自分を訪れてくれるのは何なのか、次にやってくるステップは何なのか、からだを信じてゆっくりと待ってみましょう。あなたのからだは、必ず答えを知っています。

「分からない(Not knowing)」時こそがチャンス

誰でもプロセスの中で、「分からない(Not knowing)」こと、分からなくなってしまうことがあります。そして、私たちはそれを、よくないことのように思いがちです。でも、分からないというところにこそ、実は豊かさがあるのだとケビンは言います。

フォーカシングで、分からなくなるとそこで止まってしまうのは、一つには、「分からない」というのが人間にとって「恐い」ことだからです。けれども、「分からない」ところこそが、そこから新しい何かが生まれてくる場所なのだ、というのがケビンの主張です。ですから、その恐さを受け入れることにとても大きな意味があるのです。ケビンの言葉を借りれば、「分からない、ということは『新しい何か』へつながっていく入口」なのです。

でも実際には、分からない恐さとひとりで一緒にいることは難しいものです。ですが私たちは、リスナーがその分からなさと共にいてくれれば、その恐さを持ちながらもそこに触れてみることができます。

大切なのは、分からないところから、新しい何かが生まれたり、起こったりするのだということを信じることです。からだには無限の内なる知恵があり、無限の資源があります。それを信じて待つ。何が浮かんできても、浮かんできてくれたものを否定せず、そのまま受け止めてみます。

すると、新しい何かが開かれてくるのです。そして、ここでのリスナーの役目は、フォーカサーの「分からない」感じと共にいることです。

パーソン・センタード・アプローチとしてのホールボディ・リスニング――ロジャーズの「自己の超越的確信」(transcendental core of me)をめぐって

ケビンは最近、ホールボディ・フォーカシング的な聴き方、すなわちホールボディ・リスニングに力を入れています。

ホールボディ・リスニングとは、言葉だけをとらえてリフレクションするのではなく、フォーカサーから受け取った感じを自分のからだ全体で感じて聴くことです。自分のからだから返ってくる声を待つ。からだは、フォーカサーにとって一番ぴったりとした応答を教えてくれるのです。まるで、フォーカサーがまさに言ってほしかったそのことを、リスナーのからだが知っているかのように思えます。

からだから生まれてくる言葉は、今、フォーカサーが口にしたことと、時にはかけ離れて思えるような言葉であったりします。場合によっては、フォーカサーがまったく言っていないことを伝え返すことになる場合もあります。(ですから、実際に伝える時には少し勇気が必要だったりもします)。でもこのからだから返ってくる言葉は、不思議なぐらい相手の感じにヒットするのだとケビンは言っています。

からだで聴くことによって、頭で聴いていたのでは分からなかった、その人の内なる声を感じ取り、フォーカサー（もしくはクライエント）がプロセスを推進させるために、最も必要としている応答を返すことができます。からだは言葉以上のこと、相手の存在そのものをまるごと聴くことができます。そして、私たちが自分でも気づいていないからだ自身の知恵から、返すべき応答が何かを、からだは教えてくれるのです。

ジェンドリンは、フォーカシングやセラピーで、リスナーやセラピストがかかわっていくべきなのは、「その中にいる人」（The person in there）（Gendlin, 1990/1996）、または「瞳の奥にいる人」（The person behind the gaze）（Gendlin, 2003）であると言っています。私たちはただ言葉のやりとりだけを聴くのではありません。私たちが聴かなければならないのは、その瞳の向こうにいる、その人の存在そのものです。

ホールボディ・リスニングは、私たちが「瞳の奥にいる人」の存在とかかわり、その存在に触れ、相互作用するためのきわめて実践的で効果的な一つのありようです。ホールボディ・リスニングによって、私たちは「瞳の奥にいる人」をからだでまるごと直接感じ取り、そしてからだから直接、相手にかかわることができるのです。

この聴き方、このリスナーのありようは、カール・ロジャーズが「内的直感的自己に近付いている」「自己の超越的確信」（Rogers, 1980）という表現で伝えようとしたセラピストの状態と、通じるものがあるように私には思えます。

ロジャーズは次のように書いています。

「私が内的直感的自己に近付いている時、自分でさえ知らなかったものに触れている時、あるいは意識状態が少し変化している時、私の行う行為が非常に治癒力があるように思われることに気づくのです。その時、私の実在そのものが他者にとって安心と援助となるのです。この経験を作り出すために出来ることは何もありません。ただリラックスして、自己の超越的確信に近づくのです。この時、私は相手との係わりに於いて普通ではない衝動的係わり方をするかもしれません。理性的でない、思考とは係わりのない行為かもしれません。けれどもこの普通でない行為が不思議なことに正当なものとなるのです。まるで私の内的魂が他者のそれに触れたかのようです。私達の関係はそれ自身を越え、何かより大きなものの一部になるのです。」(Rogers, 1980)

このロジャーズの言うありようを、実践的なやり方としてケビンが提示したのがホールボディ・リスニングだと言えるでしょう。フォーカサーの存在そのものをからだ全体で聴き、自分のからだから生まれてくるフェルトセンスをからだ全体で感じ取ってみる。そして、そこから浮かんできたものを返す。フォーカサーはそれをまた自分のフェルトセンスに響かせてみる。その時にリスナーは、ロジャーズの言葉で言うならば、「普通でない衝動的な係わり方」をしたり、「理性的でない、思考とは係わりのない行為」を行ったりすることもあるでしょう。でもロジャーズが指摘したように、「この普通でない行為」は「不思議なことに正当なもの」であり、それはまるで、「私の内的魂が他者のそれに触れたかのよう」なのです。そして、リスナーとフォーカサーの関係は、「それ自身を越え、何かより大きなものの一部になるのです」。ロジャーズが述べているこの部分はまさに、ホールボディ・リスニングの、ひいては、ホールボディ・フォーカシングの、実践的でありながらもスピリチュアルであるという側面を表していると言えるでしょう。

このような一連のやりとりは、私がReferencing Processと呼んでいるものでもあります（Doi & Ikemi, 2003）。それは単なる言葉のレベルでのやりとりを越えて、互いのフェルトセンスのレベル、つまりからだ全体のレベルで相互作用していくリスナー・フォーカサー両者による自己一致のプロセスなのです。

ロジャーズが「自己の超越的確信」と呼んだものは、からだそのものの知恵に対して全面的な信頼感を持つことができている状態、と言いかえられるように思います。それは頭であれこれ考えるということから離れて、からだ全体で聴き、感じ、そしてからだが答えてくれる答えをしっかりと受け止めることのできる、理屈を抜きにした自分に対する、つまり自分のからだに対する確固たる確信です。これは一方では自分がからだに対して、ゆったりとしたプレゼンスの状態を保っているということでもあるでしょう。

このリスナーのありようはまた、デイブ・メァーンズが、「カウンセラーが、自分のパーソナリティをクライエントの体験過程と十分に共鳴させながら、自分自身の中で真に静寂になること」（Mearns, 1994）と表現し、また「カウンセラーは、もはや自分自身の独立性の確立を何ら必要とすることなく、クライエントの体験過程のまっただ中に自分そのものを没入させている」（Mearns,

1994)と述べている状態とも共通しています。ホールボディ・リスニングとは、リスナーとフォーカサーが別々の存在としてやりとりを行っているのではなく、リスナーとフォーカサーの体験過程が一つの分かちがたい相互作用の状態にある聴き方であると言えるでしょう。メアリー・ヘンドリックスはセラピーにおけるセラピストとクライエントの関係を、「一つの相互作用のプロセス」と述べていますが(Hendricks, 2002)、ホールボディ・リスニングとはまさにそのようなリスナーのありようを具現化した聴き方です。

このようなパーソン・センタード・アプローチ的聴き方――そしてロジャーズやメァーンズが理論化し、描写したその時のリスナーのありよう――を、非常にシンプルなかたちで実践に置き換えたものが、ケビンのホールボディ・リスニングであると言えましょう。

ホールボディ・フォーカシングとふつうのフォーカシングとはどう違うのでしょう

立ってセッションを行う、ということ以外に、実際に体験過程へ触れていくやり方にも、ホールボディ・フォーカシングとふつうのフォーカシングには違いがあります。

ホールボディ・フォーカシングは、ふつうのフォーカシングよりももっと、「からだまかせ」「からだ主導」のように感じられます。

通常のフォーカシングでは、気がかりを見つけて、それがからだでどう感じられるか、というふうに気がかりと感じを照らし合わせて始めることが多いのですが、ホールボディ・フォーカシングでは、まずからだに感じられる「感じ」そのものを感じるところから入っていきます。その感じが何についての感じなのか、ということを最初は突き止めようとはしません。感じによって動いていくからだの動きをそのまま感じ取り、そしてからだにゆだねて出てきたものを受け取ります。

気がかりは、私たちが言語化する前に、すでにからだが知っていて、それがからだでは違和感や不自由な感じとして感じられます。(このあたりの考え方がアレクサンダー・テクニーク的なのでしょう)。ですから、その違和感や不自由な感じが、自由に動けるようにしてやって、からだ全体(ホールボディ)が持っている豊かな資源を使えるようになれば、大きく何かが変わり、世界が開けていく、それがホールボディ・フォーカシングです。

終わりに――体験から気づいたこと

ホールボディ・フォーカシングを体験して、私が気づいたいくつかのことを最後にお話しして、締めくくりとしたいと思います。

それは、世界がそれ以前より、より明るく生き生きと感じられるようになったことでした。世界はこんなにも光に溢れ、いのちに満ちあふれていたのだということ。ホールボディ・フォーカシングによって、全く新しい世界への扉が私に開かれたかのようでした。

そして、ケビンが「より大きな私」と表現している、自分が少し大きくなったような感覚。この感覚は、周りの環境と自分とがつながっている、という感覚でもありました。その時自分は、世界の一部でありながら、同時に世界そのものでもありました。今でもその時の感じはありありとからだに残っています。

ホールボディ・フォーカシングは、確かにフォーカシングなのですが、ふつうのフォーカシングとは違う道を歩いたという気がします。でもその道も自分の中にあった道なのです。「ああ、こんな道があったんだ」「こんな風景が見えるんだ」という気づきを伴った、それはまさにスピリチュアルな旅でした。自分の中に、まだ気づいていなかったこんなにいろいろなものがすでにあったのだ、ということが分かりました。それは本当に大きな喜びでした。

自分のからだという有限の存在の中に、無限とも思える豊かな知恵（豊穣な知恵の海、sea of wisdomとでも言えるでしょうか）が広がっているということ、自分は気づいていなくても、からだは「分かっている」のだということ。ホールボディ・フォーカシングを通じて、からだに対する素朴でしっかりした信頼が生まれたような気がします。

フォーカシングではよく、からだは「私」よりも多くのことを知っていると言われます。自分でもそれは分かっているつもり、体験できているつもりでいました。でも、ホールボディ・フォーカシングによって、からだに対する信頼感がそれこそ「地に足のついた」ものになった気がします。一気にいくつもの「何か」をぽーんと飛び越えたような、ホールボディ・フォーカシングは私にとって、そんな大きな忘れがたい体験でした。

ホールボディ・フォーカシングを通じて、本当にたくさんのことが、それこそからだで一度に分かったような気がします。でもこれらの「分かったこと」は、確かにホールボディ・フォーカシングを通じて得たことではあるのですが、ホールボディ・フォーカシングが私の中に、「その時、新しく作ってくれた」ものなのではありません。そしてもちろん、それはリスナーが教えてくれたものでもありません。なぜならこれら「分かったこと」はすべて、外から自分に与えられたものではなかったからです。それはどれもが、全部自分の中にずっとあったものなのです。

まだ気づいていなかった豊かさが、自分の中に以前からあったのだ、ということが分かる。それが自分のからだから、動きから、直接生まれてくる、感じられる。からだが次のステップを知っている。からだが無限の豊かな知恵で自分を導いてくれる。そして冒頭のポールの言葉のように、私たちは、「世界と、そして自分と恋に落ちる」自分を発見し、世界に生きる存在としての自分を実感することができるのです。ここにホールボディ・フォーカシングの素晴らしさと、大きな魅力があると言えるでしょう。

《付録》

ホールボディ・フォーカシングのステップ

(1) からだに注意を向けましょう。あれこれ心に気にかかっていることよりも、からだの感覚に注意してみましょう。

(2) 足から始めます。足が床についている感じを感じてみましょう。立っている場合も座っている場合も、からだの重みを感じてみましょう。周りの環境に自分がどんなふうに支えられているか、ゆっくり注意を向けていきましょう。

(3) 周りの環境(椅子や、床や、部屋など)からどんなふうに自分が支えられているか、その支えが、あなたが自分で自分を支えているのとどんなふうに違っているか感じてみてください。支えられていることを感じてみると、からだ全体に、何が起こるか感じてみましょう。

(4) 呼吸に注意を向けてみましょう。あなたは呼吸をどこでしていますか? あなたを呼吸することができるように、呼吸に必要な十分な空間をあげましょう。あなたのからだ全体を通って呼吸できるようにしてみましょう。息そのものが行きたいようにからだを通り抜けていくのに、ただついていくだけでもいいでしょう。

(5) ゆっくりと意識の中にあなた自身をもっともっと含めるようにしていきましょう。全体の感じがもっとはっきりと感じられるようになるまで。

(6) そこには何か動きがあるでしょうか?

(7) からだ全体を感じている状態をキープします。そうしていると、特別な注意を向けてほしがっているどこかの部分が感じられてきませんか？

(8) そんな部分が出てきましたか？　そんな部分をそのままからだの中に置いておいてあげましょう。それをそのままの状態で、あなたの意識に受け入れてあげましょう。

(9) そうしていると、何が起こってきていますか？　今、起こっていることにも居場所を作ってあげることはできますか？

(10) 他には何が起こっていますか？　他になにか生き生きと感じられるものはありますか？　それとも、注意を向けてほしがっているものが他にありますか？　それがそのままでいられるように、それにも居場所を作ってあげられますか？　そしてそれがもっと大きく広がることができるようなスペースをあげられますか？

(11) それでは全体の感じに戻りましょう。今ここであなたを支えてくれている感じをしっかりと足をつけるように感じ直してみましょう。全体の感じと、注意を向けてほしがっている部分の感じの両方を同時に意識してみることはできますか？

(12) この内なるつながりの空間から、何が出てきたがっているでしょう？　何か新しいいのち、新しい動きのつながり、そんなものが出てきそうでしょうか？　何が必要なのかなとか、今のあなたの生活で起こっていること、あなたの人生のストーリーに根ざしたものと、それはどんなふうにつながっているのかなとか、尋ねてみましょう。

(13) 動きを取っ手（ハンドル）にしましょう。注意を動きそのものに合わせてみましょう。そして、それにあなたが知らなかった場所に連れていってもらいましょう。注意の焦点を動きに合わせ続けていると、「新しい」ことが起こるために充分なあいだ、「分からない」ことと一緒にいやすくなります。生き生きと感じられるものや動きに注意を向け続けていると、今この瞬間に留まることがやりやすくなります。

⒁ 今この瞬間に暗に存在しているもの、それこそが可能性なのです。

リスニングのための手引き

以下に挙げるのは、ホールボディ・フォーカシングのプロセスで誰かのリスニングをするときの一例です。聴き方に正しい方法とか正しくない方法とかがあるわけではありません。でも、このリスニングのプロセス全体で大切にされていることがあります。このリスニングの手引きがみなさんのお役に立つことを願っています。最終的には、あなた自身に一番ぴったりくる聴き方を自分で見つけてください。

⑴ **リスナーは、フォーカサーに対して、からだ全体に注意を向けてみるよう、そして今からだを支えている物理的なサポートを感じてみるように言います。**

ちょっと時間を取って今の自分を感じてみましょう。ゆっくりやさしくからだに注意を向けていきましょう。今、あなたが支えられている感じ、この場所、この部屋であなたのからだが支えられている感じを感じてみましょう。

では、まず足に注意を向けてみましょう。今、足はどんな感じでしょうか。床はどんなふうに足を支えてくれていますか。足の裏と床の上の敷物とのあいだの感じを気持ちよく感じてみましょう。

では次に、からだが椅子にどんなふうに支えられているかに注意を向けていきましょう。骨盤、腰、腕……今どんなふうに椅子で支えられているでしょうか。ああ、支えられているんだな、と感じてみたら、自分の体重をちょっと意識から外してみましょう。すると椅子や床が実際にどんなふうかを感じられるでしょうか。あなたが自分自身を支えようとするのではなく、椅子や床がどんなふうにあなたを支えているのかを感じてみましょう。

いつもずっとそこにあるこの自然なサポートに身をまかせてみましょう。そうしながら、呼吸に何が起こるのかに内側から注意を向けてください。あなたが身をまかせて支えられているのを感じている時、何が起こるでしょうか。呼吸はどんなふうに変わるでしょう。

呼吸の変化に気づいたら、それがしたいようにするために必要なスペースをあげましょう。呼吸に必要なスペース、必要な空間をあげて、それが広くなれるよう、開けていけるようにしましょう。もし呼吸がそうしたいようだったら、呼吸がしたいような方法であなたのからだを巡れるように。呼吸がそれ自身の自然なやり方であなた全体とつながっていけるようにしてあげましょう。
一、二分、今の感じを気持ちよく感じるための時間を取りましょう。内側で呼吸する感じを気持ちよく感じましょう。呼吸はどんなふうにあなたのからだ全体に広がりたがっていますか。あなた全体があなたを呼吸しているように感じられるまで時間を取りましょう。

(2) リスナーはフォーカサーに、からだのどの部分が特別に注意を向けてほしがっているかに気づいてみるよう促します。そして、フォーカサーに、それぞれの部分に、そこにあるものに対して無条件に受容する態度で注意を向けていくように言います。

では同時に、あなたのからだでもっと空気を必要としているような部分、もっと注意を向けてほしがっている部分、もっと何かが必要な部分はどこかなあと尋ねてみましょう。そこはたぶん、何かしら傷ついているところです……ちょっと窮屈だったり、ちょっと緊張していたり、ちょっとつかえている感じがするところはないでしょうか……少し時間を取って、あなたの一部は特別な注意を向けてほしがっているかもしれないと気づいてみましょう。首かもしれませんし、のどかもしれません。胃かもしれませんし、腰や目や鼻かもしれません……あなたのどこかの部分が、注意を向けてほしいと声を上げていませんか？

何かが出てきたら、それを両手を広げて受け止めましょう。それによく来たねと挨拶してみましょう。それはあなたの中にいる権利があるのです……そしてもしできれば、それが「それ以上」となるように許可を与えてあげてください。まずはそれをあるがまま受け止め、それがどんなふうか見てみて、そのままでいいんだよと言い、そして、それが「それ以上」となれるように。それがあなたの内側にいるために必要なあり方でいられるよう、必要なスペースと呼吸するための空間をそれに与えてあげましょう。

これは、ちょっと落ち着かなかったりイライラして感じられる何かが浮かんできたときに、リラックスするために取る普通の反応とは、まったく違ったやり方です……ふだんならあなたはそれを押しやったり、治そうとしたり、分かろうとしたり、何であれ意識から閉め出すことのできそうなやり方をするでしょう。

今は、それを抱きしめたり、どんな話であっても、どんなに悲しい話でも、どんなに聴くのが不愉快でも、それに話をさせることができないかどうかやってみましょう。ちょうど子どもを相手にするように……ただそれがそれであるために必要な空間をあげてみましょう。

次に、これができたら、内側に何が起こるかに注意を向けてみましょう。その部分が少し広がったり、他の部分とつながったり、他の部分があなたの注意の中に入ってきたように感じられませんか。あなたの内側で何かがシフトし、変化し、動いているのです。ここでも、起こってきたことすべてをそれがあるがままにしましょう。

そうすると、自然に別の何かに注意が向かいます。さっきの部分が今、じゅうぶんに聴いてもらえたから、今度は何か別のものが出てきたいと思っているのです……何か別のものがあなたの注意を引くために姿を現してきているかもしれません。この部分ともさっきと同じような態度で一緒にいられるでしょうか。出てきてくれたことを喜んであげて、それはそのままでいていいんだよと分からせてあげ、そして実際には、それがそれ以上になれるように、それがじゅうぶんに行き着くところまで行けるように必要なスペースをあげましょう。

もう一度、あなたがからだの部分と一緒にいられる時に何が起こるのかに気づいてみましょう。そして、今度はあなたのからだの部分が、どんなふうにあなた全体とつながっているのかを感じてみましょう。あなたのなかに何かが起こっていますね。あなた全体と、特別な注意を向けてほしがっているあなたの部分との間でそれは起こっているはずです。

ゆっくり時間を取って、内側で起こっている何かが、開けていくようにできるかどうか見てみましょう。それを押しやったり、分かったよと追い出したり、真相を見極めようとしたり、とにかく治そうとしたりするのではなく。

(3) **リスナーは、フォーカサーが、どの部分がいちばん注意を向けてほしがっているような感じがするか、動きたがっているようか、またはいちばん豊かにいのちがあるように思えるかに気づけるよう手助けします。**

そうすると、ある時点で、用意ができたと感じたら、そしてそういう気がした時にだけ、あなたのなかの一つの部分がもっと注意を向けてほしいと戻ってくるかもしれません……あなたはそれを押しやってしまっていたかもしれませんし、それが一時的に満足した感じがしたのであなたは別のものに移っていったのかもしれません……でもそれは何度も戻ってきます。あるいはそれはもうすでに動いているのかもしれません。

それにもっとスペースと空間を与えて、もっと動けるようにできないかやってみましょう。これはあなたがしばらく一緒にいたい何かかもしれませんね。それではこれをちょっとチェックして、これも同じようにそうしたいと思っている何かなのかどうか確認してみましょう。ひょっとしたらこれはもうちょっと深く聴いてもらいたいと思っているものなのかもしれません。それは何か聴いてほしいことがあるのかもしれませんし、何か必要なものがあるんだということをあなたに分かってほしいと思っているのかもしれません。

それではもう一度、この部分をあなたのからだに喜んで迎えてあげましょう……それをそれ以上にさせてあげましょう……それがなりたいようになれるようにしてあげましょう。そして、それが広がってあなたの他の部分とつながれるようにしてあげましょう。それがひとりぼっちじゃないんだ、孤独じゃないんだ、切り離されているんじゃないんだということに気付けるように。それは実際にはそれ独自のユニークなあり方であなた全体とつながっているのです。そして、それは何かの一部でもあるかもしれません。それは何かのほんの一部であるかもしれません。それは全体のパターンや姿勢の一部であるかもしれません。それが自分の姿をじゅうぶんに――それ全体を――現すことができるように、それに空間を与えてみましょう。

私はよく、このボディセンスを一つの姿勢のようなものと説明しています。この姿勢ではほんの一部だけが最初に姿を現します。でもあなたがしばらくそれと一緒にいると、「それのそれ以上」が姿を現します。すると、あなたにはそれがあなたの内側にある全体のパターンや姿勢であることが分かってくるのです……それにはすべての「いつもそこにある」というような性質があるのです……それはまるでずっとそこにあったかのようです……でもどこか行き詰まっていたり、あるいはその特定の固定された方法でしょっちゅう繰り返されていたり、いつもそういうふうに応答していたりしていたのです。

ですから私たちはこれに対して本当にやさしくして、歓迎してあげたいと思います。なぜならそれについてできるだけ知る必要があるからです。こんな態度で接してみましょう。「**あなた（この部分）のことをできるだけたくさん知りたいんです**」。

この部分には知恵が隠されています。なぜならこの特別なありよう、この特別な応答パターン、この姿勢はあなたの中で生まれてきたもので、何かもっともな理由があってあなたの一部となっているからです。それはここにあり、これまでずっとあり、あなたを生きのびさせ、あなたが人生でやっていくのを助けてくれていました……あなたに分かっていた一番のやり方で。このような生きのびるためのメカニズムはじゅうぶんに尊重されなくてはなりません。

ではもう一度……それがどんなものであっても、それがあなたの内側で全体となれるように、それに必要なスペースを与えてあげましょう。それ全体があなた全体と関係を持てるようにしてみましょう。そして、それ全体（とそこにあるいのち）の感覚と、あなた全体の感覚の二つを行ったり来たり共鳴させせられるかどうか、やってみましょう。これであなたは二つを同時に抱えているのです。さて、何が起こっていますか？

(4) プロセスの提案を通じて（必要に応じて）、リスナーはフォーカサーと共に、そこにあるものと一緒にいます。そしてその時、出てくるものと共に一緒にいられるよう手助けします。そして、もっと何かが生まれてくるのを手助けします。

(a) リスナーはもっと自分のからだから聴くようにします。フォーカサーの中で起こっているように思われるどんな動きやシフトの感覚にも気づくようにします。

(b) リスナーはまた、フォーカサーが言った言葉をリフレクションして、内側で起こっていることに目印を付けていくのを手伝います。

(c) リスナーは、フォーカサーの中で観察したどんな動きも探してサポートします。特に、自発的なだけでなく、それ自体に気持ちがあるように見える内側に導かれているような動きや、動きへ向かっていこうとしている様子に注目します。

「何か変化はあったでしょうか？」（リスナーからフォーカサーへの質問）

この時点では、全体の感覚や、生き生きと感じられる感覚、全体のダイナミックさを失わずに、そして答えについては何の予測もせずに、次のようなオープンな質問をしてみましょう。（この質問はリスナーがフォーカサーにしてもよいし、フォーカサーが自分の内側に問いかけても構いません）。

「ここでもっと起こりたがっていることはなんだろう?」(リスナーからこう質問してもよいし、フォーカサーが自分の注意を必要としている部分に対してこう問いかけてもよい)。

「これは私の人生とどこかでつながっているのだろうか?」(この質問はフォーカサーが自分自身に問いかけます。またはリスナーが、「これはあなたの人生とどこかでつながっていますか?」と尋ねてもよい)。

「ここで表現されたがっているものがあるかな?」(リスナーまたはフォーカサーがその部分にこう質問し、その部分から応答を得ます)。

「あなたに必要なものはあるかな?」(フォーカサーが注意を向けている部分に尋ねます)。

「あなたがやろうとしていることはあるのかな? それとも私に教えてくれようとしていることがあるのかな?」(フォーカサーがその部分に尋ねます)。

「あなたは今どんな感じ?」(これはリスナーが尋ねてもフォーカサーが尋ねてもよい)。

「なにかこれについてのストーリーがあるのかな?」など……(フォーカサーが自分自身に問

いかけてみます）。

それにあなた（フォーカサー）が気にかけているんだよということを分からせて、あなた（フォーカサー）には何であれ、それ（その部分）があなたと分かち合いたいと思っていることを聴く用意があること、そしてどんなかたちであれそれが自分を表現したいと思っているかたちで聴く用意があることを分からせてあげるような質問をしてみましょう。

(5) リスナーはフォーカサーと一緒にいます。主にボディセンスをボディセンスで聴くということを通じて一緒にいつづけます。また必要に応じて言葉やジェスチャーをリフレクションします。もしフォーカサーが行き詰まってしまい、動くことができなくなったら、最初に戻って行き詰まった部分をあるがままにしてみるようすすめ、そして質問してみましょう。

「ここには何かもっとあるかな？」または「何がもっと出てきたいと思っているでしょう？」、または「このことすべての中でいちばん生き生きと感じられるのは何だろう？」

そして全体の流れの中から出てきたものを何でも歓迎します。

または本当に最初からやり直してみます。

「床に足がついている感じを感じてみましょうか?」

(6) リスナーかフォーカサーのどちらか、あるいは二人ともがプロセスが終わったなと感じる瞬間がやってきます。しばしば動きはゆっくりになり、一息入れる自然な場所にたどりつきます。そして、今はこれで充分ということがはっきりします。リスナーはフォーカサーが終われるところに来たら、覚えておく必要があることを、出てきてくれたものに対する感謝を持って覚えておけるよう手助けします。

終わりに来たなと感じられたら、それが出てきてくれたことに感謝しましょう。あなたにいろいろなものを与えてくれたことにありがとうと言いましょう。最後に、感謝の感覚が浮かび上がってきたら、それにも空間を与えてあげましょう。その感覚はしばしば、あなたに何か贈り物が与えられたことを示していますし、それを覚えておくことはいい感じだったりします。これを恵みと呼ぶ人たちもいます。何かの恵みを与えられたように感じられるからでしょう。

腕があがるエクササイズ（内側からの動きを感じるためのレッスン）

・「内側からの動き」とは、自然に起こってくるからだの動き。それにはそれ自身の気持ちや、行きたい方向があるかのように感じられます。

・「内側からの動き」を感じることは、ホールボディ・フォーカシングの大きな特徴で、とても大事なこと。

・ホールボディ・フォーカシングとは、からだのフェルトセンスから生まれる動きのことです。この動きが取っ手（ハンドル）となり、そこから「さらなる何か」があなたのところにやってきます。

安全性

ホールボディ・フォーカシングのプロセスをたどることとは、同時に安全なスペースを作ることでもあります。ホールボディ・フォーカサーは、自分のからだ全体を感じ続けます。大地を踏みしめている感じと、環境によって支えられている、両方の感じがからだにはあるはずです。大地にしっかりと足をつけていて、そして環境からも支えられているフォーカサーのからだ全体が、自然に生まれてくる「内側からの動き」が動き始めるための場所となります。また、もうすでに知っていることを体験することと、まだ知らない、そしてそのためにちょっと嫌な感じがするけれど、次に必要なステップでもあることを体験すること、この二つをからだ全体が橋渡ししてくれます。

目的

この腕があがるエクササイズは、からだ自身がスタートさせる動きを感じ取るための練習です。ここでの動きは、からだでどうやって腕があがるかという、からだ自身の知恵から直接生まれてくるものです。ここで、腕があがる動きは、自分とうまくつながっていない部分からではなく、からだ全体の感じから直接生まれてくる動きであるということが重要です。フォーカサーはただ、腕を上げたい、という気持ちからこのエクササイズをスタートさせます。そして、この腕があがる、ということを実行するための方法をからだにきいてみます。

[訳注]
今の自分のからだにとって「腕があがる」というのはどんな動きなのか、ということ。それは頭で考えるのではなく、主語は「からだ」である。からだが決めること。

▼腕があがるエクササイズ：自然に内側から生まれてくる動きを目覚めさせるために

二人組に分かれます。片方がフォーカサー、もう一人がコンパニオンです。

(1) フォーカサーは、例えば腕があがる、などのシンプルなからだの動きをイメージするか、そうしたい、と思ってみます。

(2) フォーカサーは、からだがその動きを始めるのを待ちます。ここでは、どんなふうにすればできるのか、とか、何が起こらなくてはならないのか、というようなことは考えません。その動きについてのボディセンスが生まれてくるのを待ちます。そのボディセンスは、何かが足りないようなぼんやりとした感じとして感じられることもあるし、方向性を持った何かやさしい感じのように感じられることもあります。ここで感じられるのは足りない何かについてのボディセンスであって、どうしなければいけないかや、どのようにしなければいけないか、というような、頭で考えたことではありません。

(3) フォーカサーは、「少し下がって」、内側を観察してみます。何でも受け入れるようなつもりで、からだが自分の「こうしたい」という気持ちに対する応答として選んだものを、からだがなんでもできるようにしてみましょう。プロセスを動かすために何かしたくなるかもしれませんが、その誘惑にのってはいけません。そこにかかわってプロセスを動かしたいとか、変えたいとか、何かを起こしたいとかいう気持ちには気づいておきますが、こういったこれまで習い性となっている反応をすることは決してしないように。

(4) フォーカサーは、コンパニオンに、自分が何を体験しているのかを伝えます。

(5) コンパニオンはフォーカサーの話を、自分のボディセンスからリフレクションします。

(6) フォーカサーはコンパニオンからのリフレクションと、今、フォーカサーのからだに起こっている感じとを共鳴させます。

(7) コンパニオンは、フォーカサーを見ていて気づいたことを伝え返してみてもいいでしょう。例えば、「腕が動き始めていますね……頭が左の方に動いていますね」(フォーカサーは、このようなコンパニオンからのフィードバックについては共鳴させてもいいし、しなくてもかまいません。どちらでも構わないのです。)

(8) フォーカサーが一区切り付くところまで、これを続けます。終わったらお互いに自分の中で起こったことについてシェアしてみましょう。

引用・参考文献

Alexander, F. M. (1984) *The Use of Self.* Downey, CA: Centerline Press.

Cornell, A. W. (1996) *The Power of Focusing.* Oakland, CA: New Harbinger Publications.（アン・ワイザー・コーネル／大澤美枝子、日笠摩子訳、一九九九、『やさしいフォーカシング――自分でできるこころの処方』、コスモス・ライブラリー）

土井晶子 (2003)「ホールボディ・フォーカシングの休日：フランスのWholebody Focusing Workshopに参加して」、*The Focuser's Focus*、6 (4)、3-4、日本フォーカシング協会

土井晶子 (2004a)「エンカウンター・グループとフォーカシング：その相補性とセラピスト・トレーニングにおける意義」、ヒューマンサイエンス、7、15-21、神戸女学院大学大学院人間科学研究科

土井晶子 (2004b)「エンカウンター・グループとフォーカシング：二つのアプローチからの収穫（その1）」、エンカウンター通信、335、3-6、福岡人間関係研究会

土井晶子 (2004c)「エンカウンター・グループとフォーカシング：二つのアプローチからの収穫（その2）」、エンカウンター通信、336、2-4、福岡人間関係研究会

Doi A. & A. Ikemi (2003) How Getting in Touch with Feelings Happens: The Process of Referencing. *Journal of Humanistic Psychology.* 43 (4), 87-101.

Gelb, M. (1996) *Body Learning.* New York: Delilah Books.（マイケル・ゲルブ／片桐ユズル、小山千栄

訳、一九九九、『ボディ・ラーニング――わかりやすいアレクサンダー・テクニーク入門』、誠信書房）

Gendlin, E. T. (1964) A Theory of Personality Change. In Worchel, P. & D. Byne (Eds.), *Personality Change*. New York: John Wiley & Sons.（ジェンドリン／「人格変化の一理論」、池見陽、村瀬孝雄訳、一九九九、『セラピープロセスの小さな一歩』、金剛出版）

Gendlin, E. T. (1981) *Focusing*. New York: Bantam Books.（ジェンドリン／村山正治、都留春夫、村瀬孝雄訳、一九八二、『フォーカシング』、福村出版）

Gendlin, E. T. (1984) Client's Client: the Edge of Awareness. In Levant, R. and J. Shilien (Eds.), *Client-Centered Therapy and the Person-Centered Approach*. New York: Praeger.

Gendlin, E. T. (1990) The Small Steps of the Therapy Process: How They Come and How to Help Them Come. In Lietaer, G. Rombouts, J. and Van Balen, R., (Eds.), *Client-Centered and Experiential Psychotherapy in the Nineties*. Leuven: Leuven University Press.（ジェンドリン／「セラピープロセスの小さな一歩」、池見陽、村瀬孝雄訳、一九九九、『セラピープロセスの小さな一歩』、金剛出版）

Gendlin, E. T. (1996) *Focusing-Oriented Psychotherapy*. New York: Guilford Press.（ジェンドリン／村瀬孝雄、池見陽、日笠摩子監訳、一九九八／一九九九、『フォーカシング指向心理療法（上・下）』、金剛出版）

Gendlin, E. T. (1997) *Experiencing and the Creation of Meaning*. Evanston, Il: Northeastern University Press.（ジェンドリン／筒井健雄訳、一九九三、『体験過程と意味の創造』、東京ブックセンター）

Gendlin, E. T. (2003) *Advanced and Certification Weeklong* (New York)での発言

Hendricks, M. N. (2002): What Difference Does Philosophy Make?: Crossing Gendlin and Rogers. In Watson, J. and M. Warner (Eds.), *Client-Centered and Experiential Psychotherapy in the Twenty First Century*. Ross-No-Wye, UK: PCCS Books.

Jones, F. P. (1979) *Body Awareness in Action*. New York: Schocken Books.

Mearns, D. (1994) *Developing Person-Centered Counselling*. London: Sage Publications.（デイブ・メァーンズ／岡村達也、林幸子、上嶋洋一、山科聖加留訳、諸富祥彦監訳、二〇〇〇、『パーソンセンタード・カウンセリングの実際』、コスモス・ライブラリー）

Rogers, C.R. 1980. *A Way of Being*. Boston: Houghton Mifflin.（ロジャーズ／畠瀬直子監訳、一九八四、『人間尊重の心理学』、創元社）

あとがき

ケビンとポールが実践しているホールボディ・フォーカシングについて耳にしたのは、アメリカで開催されたフォーカシング国際会議に私が初めて参加した二〇〇二年のことでした。その時は「何、ホールボディって?」程度の関心しかなく、彼らのワークには参加せずじまいでした。ところが会議のラストを飾るポールのプレゼンテーションがとても楽しく（歌やゲームなどが織り込まれていて、知らず知らずのうちに全員が巻き込まれてしまう）、この二人のワークは楽しそう、一度参加してみたいなあ…と思い始めました。スタートはずいぶん不純な動機です。

二〇〇三年に Focusing Institute の Visiting Research Fellow になった時、なるべくたくさん海外のワークショップに参加する機会を持とうと思い、そのうちの一つとして彼ら二人のホールボディ・フォーカシング・ワークショップも参加リストに加えました。幸い、日本心理臨床学会の海外研修助成も受けられることになり、八月にフランスのブルターニュまで足をのばすことができました。ワークの参加者はなんと四名だけという、日本ではちょっと考えられない贅沢な時間、古い農家を改造した彼らの夏の別荘で一週間、ゆっくりとホールボディ・フォーカシングを堪能しました。セッションだけでなく、世界遺産のモンサンミッシェル（海の中の修道院）に遠足に行ったり、夏の長い一日の終わり、トウモロコシ畑に沈んでいく夕陽を眺めながら、庭でみんなでワインを楽しんだり。講師と参加者という枠にとらわれない、親密な雰囲気の中での、手作りのあたたかなワークショップでした。ゆったりとした時間の中で、自分のからだが本当にのびのびと喜んでいることが感じられました。その時の模様についてはどうぞ本書をお読みください。「人前でからだを動かしたり声を出したりするなんて恥ずかしい」と思われる方がおられるかもしれません。実は私自身がそうでした（今もそうです）。でも、ホールボディ・フォーカシングでは「からだが本当にしたいこと」だけが自然に動き出します。からだはちゃんと、安全で無理のない自分にとってベストなやり方をその時々で見つけることができるようなのです。もちろん、そこにはリスナーとしてのケビンの大きさ、懐の深さもあったと思います。ケビンは例えるなら「水のような」リスナーでした。さらりとした、それでいて温かい、一緒にいてとてもだいじょうぶな感じのする素晴らしい聴き手です。

私がフランスに行った頃、ちょうどケビンとポールに日本でワークショップをしてもらおうというプランが進んでいたことから、来日にあわせてケビンの著作を翻訳しようということになりました。そしてたまたま、ワークに参加した私が縁あって彼の著書（原題：*Dancing the Path of the Mystic*、2002、原著は自費出版、http://www.focusing.org/eShop/store_home.asp.にて購入可能）を訳す機会を与えられました。こうやって出来上がったのが本書です。

本書の構成ですが、ケビンの原著のまえがきをのぞく全文訳（ケビンの許可を得て、構成を少し変更しています）を収録しています。まえがきはケビンが別の原稿を送ってきてくれたので、本書にはそちらを採用しました。さらに、原著には含まれていませんが、ケビンが最近とても力を入れているホールボディ・リスニングについて彼から送られてきた原稿を加え、フランスでのワークショップ時に配布された資料を付録として巻末に掲載しました。また本書には、「ホールボディ・フォーカシングの魅力」として、私自身の原稿も収録しています。読者の方の理解に役立つであろうと思われる、実際にケビンからワークショップで教えてもらったいろいろなことや、私が体験して感じたこと、ホールボディ・リスニングについてパーソンセンタード・アプローチの立場から考察したことなどを付け加えています。

なお、翻訳にあたり、アレクサンダー・テクニークの用語については、『ボディ・ラーニング――わかりやすいアレクサンダー・テクニーク入門』(マイケル・ゲルブ著、片桐ユズル、小山千栄訳、誠信書房、一九九九)およびATAアレクサンダー・アソシエイツのウェブサイト(http://www.alexandertechnique.co.jp/)を参考にしました。

本書によって出版物としては日本で初めて、ホールボディ・フォーカシングが紹介されることになります。タイトルにもありますように、ホールボディ・フォーカシングはフォーカシングとアレクサンダー・テクニークを組み合わせたものです。フォーカシングにかかわっておられる方だけでなく、アレクサンダー・テクニークやボディワークに関心のある方にも、きっと興味を持って頂けることと思います。

多くの方のご尽力により、二〇〇四年八月に、とうとうケビンとポールの来日が実現することとなりました。ホールボディ・フォーカシングは、やはり体験してこそのものです。この機会に一人でも多くの方が、ホールボディ・フォーカシングの素晴らしさを味わってくださることを期待しています。ワークショップが、みなさんにとって、からだが持っている豊かな知恵の海に触れ、世界に愛されている自分を実感する機会となりますように祈っています。

フォーカシングの世界では、ここのところ様々なヴァリエーションが展開し、さらにその豊かさが増しているように思われます。本書でも少し触れられているインタラクティブ・フォーカシング、そしてジェンドリンが今、最も力を入れていると言われているThinking at the Edge（「辺縁で考える」）。ホールボディ・フォーカシングもその実りの一つです。フォーカシングという大きな樹に実った果実を、それぞれに楽しんで頂くお手伝いの役割を本書が少しでも果たせればと願っています。

本書の出版にあたっては、たくさんの方々からお力添えを頂きました。出版社をご紹介くださった東京女子大学文理学部教授の近田輝行先生、そして私とホールボディ・フォーカシングとの縁を取り持ってくださり、また訳語についても貴重なコメントを頂きました宮川照子さんに、心より御礼申し上げます。また、コスモス・ライブラリーの大野純一さんは、原稿の遅い私を迅速なお仕事でいつもフォローしてくださいました。

本書は様々な方とのご縁のつながりで出来上がりました。私とフォーカシングとの縁を最初に結んでくださった、神戸女学院大学人間科学部教授の池見陽先生に感謝して筆を置きたいと思います。

二〇〇四年八月

土井　晶子

情報

フォーカシング、アレクサンダー・テクニークに関する情報は以下にどうぞ。

■フォーカシングについて

・The Focusing Institute

34 East Lane, Spring Valley, NY 10977, USA

TEL：914-362-5222

e-mail：info@focusing.org

ウェブサイト：http://www.focusing.org/

・日本フォーカシング協会

〒662-8505　西宮市岡田山4-1　神戸女学院大学人間科学部池見研究室内

FAX：0798-51-8622

e-mail：focusing@post.email.ne.jp

ウェブサイト：http://www.ne.jp/asahi/focusing/jfa/

■アレクサンダー・テクニークについて

ＪＳＴＡＴのウェブサイト：http://www.jstat.jp/introduction.html
スタジオＫのウェブサイト：http://homepage2.nifty.com/studioK/
ＡＴＡアレクサンダー・アソシエイツのウェブサイト：http://www.alexandertechnique.co.jp/

■ケビン・マケベニュの記事

ウェブサイト：http://focusing.netfirms.com/
http://www.alexandertechnique.com/articles/focusing/wholebody

【著者／訳者紹介】

■著者

ケビン・マケベニュ（Kevin McEvenue）

25年以上にわたりアレクサンダー・テクニークの認定インストラクターを務める。その後、フォーカシングと出会い、ホールボディ・フォーカシングを考案。現在は、ポール・ハシルトと共にカナダ、トロントにてWholebody Worksを主宰。ホールボディ・フォーカシングの実践を精力的に進めている。

（米）The Focusing Institute 認定 Certifying Coordinator。水彩画家としても高い評価を得ている。

連絡先：mcevenue@ica.net

■著者・訳者

土井晶子（どい・あきこ）

神戸女学院大学文学部英文学科卒業。航空会社勤務、高校英語講師、産業翻訳者、通訳等を経験後、神戸女学院大学大学院人間科学研究科博士前期課程修了、（米）The Focusing Institute Visiting Research Fellow を経て、現在、同大学院博士後期課程在学中。

臨床心理士。（米）The Focusing Institute認定Focusing-Oriented Therapist。

■『ホールボディ・フォーカシング：アレクサンダー・テクニークとフォーカシングの出会い』

2004年 8 月 9 日　第 1 刷発行

発行所　コスモス・ライブラリー
発行者　大野　純一
〒113-0033　東京都文京区本郷3-23-5
ハイシティ本郷204
電話 03-3813-8726　Fax. 03-5684-8705
e-mail: kosmos@tcn-catv.ne.jp
http://www.kosmos-lby.com
郵便振替　00110-1-112214
装幀　清水良洋（Push-up）
装画　ケビン・マケベニュ（Kevin McEvenue）
発売所　星雲社
〒112-0012　東京都文京区大塚3-21-10
電話 03-3947-1021　Fax. 03-3947-1617
印刷／製本　（株）シナノ
ISBN4-434-04816-3 C0011
定価はカバー等に表示してあります。

「コスモス・ライブラリー」刊行物

アン・ワイザー・コーネル著／大澤美枝子・日笠摩子共訳／諸富祥彦解説
『やさしいフォーカシング――自分でできるこころの処方』
フォーカシングは、からだの智恵に触れ、生活に前向きな変化を生み出すための、やさしくてしかも力強い技法。本書は、そのフォーカシングによる自己探索と自己発見の生きた技法を学ぶために、読者が自分で練習できるよう工夫された、待望の書。

1890円

東京女子大学文理学部助教授　近田輝行著
『フォーカシングで身につけるカウンセリングの基本――クライエント中心療法を本当に役立てるために』
フォーカシングの体験はカウンセラーの基本的態度を身につけるための近道。クライエント中心療法の理解に不可欠の「体験過程」に焦点を当て、ロジャーズ、ジェンドリンからインタラクティブ・フォーカシングまでやさしく解説。
〈主な内容〉カウンセリングをめぐって／ロジャーズからジェンドリンへ／体験過程をめぐって／フォーカシングの実際／フォーカシングのバリエーション／カウンセリングにおけるフォーカシングの活用
1680円

ニール・フリードマン著／日笠摩子訳
『フォーカシングとともに（1）――体験過程との出会い』
体験過程の流れへの直接的アプローチであるフォーカシング。そのフォーカシングを生きるセラピスト、ニール・フリードマンの一人称からの解説。簡潔で、わかりやすく、とても人間的なフォーカシング・エッセイ集（全3巻）。
〈第1巻の主な内容〉フォーカシングとの出会い／心理治療における体験性から体験的心理療法へ：歴史／体験的フォーカシング／フォーカシングの基本概念／フォーカシングとは何か、そしてフォーカシングでないものは／フォーカシング・ラウンドを進める上での私の工夫／フェルトシフトの類型／フォーカシングの効用
1680円

明治大学助教授　カウンセラー　諸富祥彦著

『カール・ロジャーズ入門――自分が〝自分〟になるということ』

「カウンセリングの神様」カール・ロジャーズ。

自分が〝自分〟になるとは、私が「これが私だ」と実感できる〝私〟になるとは、どのようなことか。「抑圧家族」で育てられたアダルト・チルドレン、ロジャーズの人生そのものが、自分が自分自身になるというカウンセリングの本質的テーマをめぐって展開されていた。「人間・ロジャーズ」に焦点を当て、その生涯と思想形成の歩みを解明すると共に、そこから生み出された理論と実践のエッセンスを分かりやすく説いた格好の入門書。

２５２０円

明治大学助教授　カウンセラー　諸富祥彦著

『フランクル心理学入門――どんな時も人生には意味がある』

『夜と霧』『それでも人生にイエスと言う』の著者として世界的に有名なフランクルの心理学のエッセンスを、初めて体系的に、かつわかりやすく説いた画期的入門書。

「心のむなしさ」にどう対処し、「生きる意味」をどのように発見したらいいか、「中年期」の危機をどう乗り越え、「老い」に対する態度をどう変えたらいいかといった、一般の方々の自己発見や癒しのためのセルフ・ヘルプに供するだけでなく、学校現場や企業で、また専門家にも役立つよう、人物・自己発見篇の他に原理・臨床・資料篇を加えた。

２５２０円

デイヴ・メァーンズ著／岡村達也＋林幸子＋上嶋洋一＋山科聖加留訳／諸富祥彦監訳・解説

『パーソンセンタード・カウンセリングの実際――ロジャーズのアプローチの新たな展開』

カール・ロジャーズが創始したパーソンセンタード・カウンセリング。欧米におけるその最新の発展の成果と磨き抜かれた臨床実践の実際をわかりやすくまとめたもの。〈主な内容〉治療条件を拡げる／カウンセラーの成長／治療同盟／治療過程／パーソンセンタード精神病理学／イギリスにおけるロジャーズ派カウンセリングに学ぶ（諸富）

１７８５円

ブライアン・ソーン著／岡村達也＋林幸子＋上嶋洋一＋三國牧子訳／諸富祥彦監訳

『カール・ロジャーズ』

「カウンセリングの神様」カール・ロジャーズの生涯と理論、そのカウンセリングの実際まで、この一冊ですべてがわかる入門書。同時に、ロジャーズのカウンセリングにおけるスピリチュアルな側面にはじめて正面から光を当て、ロジャーズ・ルネッサンスを巻き起こす問題の書でもある。

畠瀬稔氏のインタビューも掲載。カウンセリングを学ぶすべての人に捧げる必読の書！

1890円

ロバート・ライス著／畠瀬稔＋東口千津子訳

『鋼鉄のシャッター――北アイルランド紛争とエンカウンター・グループ』

ロジャーズの先駆的エンカウンター・グループの記録

北アイルランド紛争は、英国が十二世紀にアイルランド島を支配して以来続いていた。貧しいカトリックと裕福なプロテスタント。何世紀にも渡った憎しみ合い。紛争は泥沼化していた。一九七二年、ロジャーズらは、北アイルランドの首都ベルファーストから来たプロテスタント四名、カトリック四名、英国陸軍退役大佐一名と、三日間二十四時間のエンカウンター・グループをもった。本書はその記録であり、社会的・国際的紛争解決への示唆を与えてくれるであろう。

1680円

エイミー・ミンデル著／佐藤和子訳／諸富祥彦監訳・解説

『メタスキル――心理療法の鍵を握るセラピストの姿勢』

〝メタスキル〟とは、すべてのカウンセリング／心理療法の根底にあり、あらゆる学派を超えて、セラピーの成否の鍵を握る〝何か〟である。

今、注目されつつあるプロセス指向心理学の創始者アーノルド・ミンデルのパートナーである著者が、豊富な事例によりプロセス指向心理学の実際を史上初めて公にし、〝メタスキル〟の視点から検討する。

2100円

アーノルド・ミンデル著／青木聡訳／藤見幸雄監訳・解説

『シャーマンズボディ――心身の健康・人間関係・コミュニティを変容させる新しいシャーマニズム』

ユング・カスタネダからミンデルへ！

プロセス指向心理学の創始者アーノルド・ミンデルは、アフリカ、日本、インドでのシャーマニズム体験から学んだ〝シャーマンズボディ〟（または〝ドリーミングボディ〟）の意義と重要性に様々な角度から迫り、われわれがそれと結びつくことが健康や精神的な成長、良い関係や深い共同体感覚をもたらすと言う。そこで、一般の人々がシャーマンズボディに結びつくための実際的な方法と、夢や身体の問題に対処するための具体的な方法としてのインナーワークを、「エクササイズ」として提示。さらにこうしたワークや新しいシャーマニズムが現在の世界にどのような影響を持つかを、国際紛争解決のための「ワールドワーク」などに言及しつつ、わかりやすく解説している。プロセス指向心理学の創始者による待望の名著の完訳！

2205円

諸富祥彦編著／トランスパーソナルな仲間たち著

『〈宮台真司〉をぶっとばせ！――〝終わらない日常〟批判』

〝まったり革命の旗手〟の異名をとる〈宮台〉を現代日本のニヒリスティックな雰囲気の象徴として批判し、さらに個を超えたつながり＝トランスパーソナルの世界へと案内する。トランスパーソナル心理学、アドラー心理学などの視点から宮台の人生論、援助交際論、性的リベラリズム、学校論、宗教論などを検証し、閉塞状態にある現代社会に風穴を開ける可能性を模索。

1890円

山本次郎著

『カウンセリングの実技がわかる本 ◎ 上巻』

演習入門篇、進め方応用篇、フルコース案内篇から成る本書は、初心者カウンセラーの多くが求めていた実用書。カウンセラーの三つの基本的条件、ロールプレイ（初回面接の演習）の基礎、ミニ・カウンセリングの基礎知識など、実用的なヒントを満載。

2625円

山本次郎著

『カウンセリングの実技がわかる本 ◎ 下巻』

エゴグラムや、フォーカシングや、過去・現在・未来などの「助言篇」と、後期ロジャーズ派の「助言なし解決編」を、わかりやすく説明。従来のカウンセリングの学習にありがちな「木を見て森を見ず」的傾向に陥らないため、「木」の部分にあたる上巻に対して、下巻は「森」の部分としてまとめてあり、上下二巻を併せ読むことによってカウンセリングの全体を理解することができる。

2625円

ヒューマン・ギルド代表　岩井俊憲著

『アドラー心理学によるカウンセリング・マインドの育て方――人はだれに心をひらくのか』

現在静かなブームとなっているアドラー心理学をベースに、カウンセリングの専門家でない人も、すでに学んでいる人も現場で実際に生かせるよう、図版を用いてわかりやすく「簡易カウンセリング」のノウハウを紹介。本書はとりわけ、バブル崩壊後、生産性向上の名の下に失われていた「ビジネスマンの尊厳」を回復することを新しい世紀に向けての企業社会の新たな目標に掲げ、そのためにカウンセリングの理論や技法を適用することをめざしている。

１６８０円

ジェーン・ネルセン他著／会沢信彦訳／諸富祥彦解説

『クラス会議で子どもが変わる――アドラー心理学でポジティブ学級づくり』

アドラー心理学の理論と方法に基づいた〝育てるカウンセリング〟の発想に立つ学級経営の実際を具体的に紹介。子どもたちを尊敬し、信頼し、勇気づけ、学級崩壊を防ぐための具体的なアイディアやノウハウが満載！。

１８９０円

帝京平成大学専任講師　向後善之著

『わかるカウンセリング――自己心理学をベースとした統合的カウンセリング』

アメリカのトランスパーソナル心理学の拠点の一つＣＩＩＳで学んだ最新心理学・臨床心理学に基づき、コフートの自己心理学、精神分析、トランスパーソナル心理学などについて、レベルは落とさず、しかも極限までわかりやすく説いた入門書。カウンセリング初心者の方、最新臨床心理学を学びたい方に。

１８９０円

J・クリシュナムルティ著／大野純一編訳

『(新装版)私は何も信じない――クリシュナムルティ対談集』

クリシュナムルティはその九十年の生涯の間に数多くの人々と対談した。本書はその一部を厳選し、インド人学者ヴェンカテサーナンダや、アメリカの宗教学者でケン・ウイルバーの先輩格にあたるジェイコブ・ニードルマンとのグル、求道、ヨーガ、教師の役割、心理的依存といったテーマをめぐる討論等々を紹介。

2100円

大野純一著編訳

『クリシュナムルティの世界』

クリシュナムルティの〝人と思想〟の全容をこの一冊に収録。〈世界教師〉としての彼の数奇な生涯をたどり、その〈教え〉に様々な角度から迫ることによって、二十一世紀に向けてのメッセージを読み取る。

2730円

ハリー・ベンジャミン著／大野純一訳

『グルジェフとクリシュナムルティ――エソテリック心理学入門』

グルジェフの教えのエッセンスを彼の高弟モーリス・ニコルの注釈書に基づいて紹介し、クリシュナムルティの教えとの共通点ないし関連性に言及する。あのデルフォイの神託〝*Gnothi Seauton*〟(「汝自身を知れ」)の最も深い意味が明かされ、〈コスモス〉との深い関わりのなかで試みられるダイナミックな「自己発見の冒険」へと読者を誘う。

2100円

大野純一著編訳

『クリシュナムルティの教育・人生論――心理的アウトサイダーとしての新しい人間の可能性』

クリシュナムルティの教育観ひいては人生観をこれまで未紹介の資料からわかりやすくまとめ、新しいミレニアムにおける新しい生き方を模索。それを要約すれば、戦争・暴力・流血によって彩られた自己中心的、自集団・自文化・自国家中心的な二十世紀的心理構造から抜け出し、世界中心的・コスモポリタン的・平和的な新しい人間としての〝心理的アウトサイダー〟に変容することが急務だということであり、そのための具体的なステップを提示している。

1690円

大野純一編訳
『白い炎――クリシュナムルティ初期トーク集』
あたかも古代緑地から来るかのような風がさわやかに吹き渡り、深い平和があたりを領している〝本然の生〟。クリシュナムルティによれば、現代人の不幸の根本原因はそのような生から切り離されてしまったことにある。それゆえ、彼は本然の生の実現を妨げているさまざまな要因をあばき、われわれ一人ひとりの中にある潜在能力を呼び覚まし、日常生活をそのような生を実現するための喜ばしい〝発見の場〟として用いるよう促す。付「クリシュナムルティの言葉」

2520円

クリシュナムルティ著／大野龍一訳
『自由と反逆――クリシュナムルティ・トーク集』
生に安全はない。安全への希求を放棄したとき、生の豊饒が姿を現わす！

〝生の革命家〟クリシュナムルティの誕生を告げる一九二八年キャンプファイヤー・トークの全文と、成熟期一九四七年マドラス講話に示された、揺るぎない「日常への指針」。模倣に基づいた中古品の人生ではなく、個性的は独自の人生を歩むためのガイド。

1680円

デーヴィッド・N・エルキンス著／大野純一訳／諸富祥彦解説
『スピリチュアル・レボリューション――ポストモダンの八聖道』
現在多くのアメリカ人の内面で進行中と言われる〝霊性の革命（スピリチュアル・レボリューション）〟の実態に迫り、魂を養い、〝聖なるもの〟に至るための八つの道（女性性：アニマ／芸術：ミューズ／身体：エロス・性・官能性／心理学：カウンセリング・サイコセラピィ／神話：物語・儀式・シンボル／自然：天・地／関係性：友情・家族・コミュニティ／魂の闇夜：実存的危機の道）を提示し、実際にそれらの道を辿ることを志す人々をガイドする。

2520円

チャールズ・タート著／吉田豊訳
『覚醒のメカニズム――グルジェフの教えの心理学的解明』
何が覚醒・悟り・慈悲心の開花を妨げているのか？「変性意識」研究の第一人者として世界的に有名なタートが意識の諸状態に関する研究成果と現代心理学の知見を駆使してグルジェフの主要な教えの核心に迫り、〝日常生活における眠り〟の実態を徹底的に解明。人間の精神的・霊的成長を妨げているものを明らかにし、〝偽りの人格〟が演じている悪夢のようなドラマから抜け出すための具体的な道を示す。

2835円

スワミ・ヴィヴェカーナンダ著／大野純一編訳

『普遍宗教への階梯――スワミ・ヴィヴェカーナンダ講演集』

一八九三年にシカゴで開催された世界宗教会議に参加し、ヴェーダーンタ哲学の真髄を説き、普遍宗教の理想を雄弁に語り、ロマン・ロランをはじめとする欧米の知識人に深い感銘を与え、東西の精神的交流に先駆的役割を果たしたスワミ・ヴィヴェカーナンダ（一八六三〜一九〇二）の講演のなかから、これまで未紹介のものを中心に収録。

２２０５円

江藤光紀著

『カンディンスキー／コンポジションとしての絵画――宗教的主題の解読』

抽象絵画の創始者の一人として知られるヴァシリー・カンディンスキー。しかし、その抽象化の過程では多くの対象的要素が生まれ、フォルムと色彩の渦の中に消えていった。そこにはどんな意味がこめられていたのか――数多くの研究者がこの謎に取り組んできたが、依然として多くの謎が残されたままだ。本書は抽象絵画誕生前夜の一九一一年から一二年の宗教的作品群を詳細に検討し、カンディンスキーの隠された図像学を明快に読み解く。図版多数。

２１００円

フレデリック・ヴィーダマン著／高野雅司訳

『魂のプロセス――自己実現と自己超越を結ぶもの』

人間としての全体性――なぜ、その獲得は困難で、希なのか？　それは、全体性への入口が凄まじいパラドクス（逆説）によって護衛されているためである。〝全体〟的であるためには、自分を成長させる（自己実現）だけでなく、自分よりも大きな現実へと身を委ねる（自己超越）必要がある。本書は、トランスパーソナル心理学の成果を継承しつつ、自己実現と自己超越との間を絶えまなく循環しているプロセスを「魂のプロセス」とみなし、それに全体性のパラドクス解決の糸口を見出す。著者によれば、魂を復活させ、あらゆる生命への愛というその本質を再認識し、現代に生きるわれわれの指針としてそのプロセスを生きることが、意識的かつ情熱に満ちた人生への最も重要なカギである。

１９９５円

シュリ・ラム・チャンドラ著／佐竹正行訳

『真理の夜明け——サハジ・マルグ〈自然の道〉入門』

サハジ・マルグ（自然の道）とは、日常生活を営む中で、ラージャ・ヨーガに基づいて霊性の完成を実現することをめざした生き方で、万人に向かって開かれた、自然で、単純で、自発的な道である。著者のシュリ・ラム・チャンドラは古典的なラージャ・ヨーガを単純化し、サハジ・マルグ方式を完成させ、その普及をはかるため、一九四五年にシュリ・ラム・チャンドラ・ミッションを設立した。本書は、その設立者自身による、簡にして要を得た入門書で、特に真の〈グル〉の意義と役割など、宗教に関心のない一般の人々にも多くの貴重な示唆を与える。

1260円

ポール・ブラントン著／大野純一訳

「真の自己責任と自己実現の教えとしての新カルマ論」

全米の多くの囚人たちが感動したという本書は、「カルマ」という言葉にまとわりついている、主に前世での悪行と結びついた懲罰的なイメージをぬぐい去り、そのエッセンスを真の自己責任と自己成長／実現の教えとして組み直し、個々人の思考・感情・行為と社会・世界全体の運命との密接な結びつきをわかりやすく説く。

1575円

レックス・ヒクソン著／高瀬千尋訳／高瀬千図監訳

『カミング・ホーム——文化横断的〈悟り〉論』

グローバルな視点から普遍的な現象としての〈悟り〉の本質に迫った画期的な論考！　ケン・ウィルバーをして「世界の偉大な神秘主義的伝統についてこれまでに書かれたもののうちで最良の入門書」と激賞せしめた本書は、ハイデッガーとクリシュナムルティに関する論考を皮切りに、ラーマクリシュナ、ラマナ・マハリシ、プロティノス、聖パウロ、ハシディズム、現代のスーフィーの賢者ムハイヤッディーン、さらには十牛図、易経まで、〈悟り〉をめぐる文化横断的な旅。

2100円

ルイーズ・ダイヤモンド著／ニール・ドナルド・ウォルシュ緒言／高瀬千尋訳

『平和への勇気——家庭から始まる平和建設への道』

世界各地の紛争現場での「平和建設家」としての豊富な体験を通じて、著者は真の平和建設が家庭、学校、企業といった日常的生活の場での平和な関係構築への努力と不可分であることを、具体的事例を挙げて詳述する。

2310円

ドン・ミゲル・ルイス著／松永太郎訳
『四つの約束』
一九九八年に「異界へと旅立った」カルロス・カスタネダの流れをくむルイスは、古代メキシコの〝トルテック〟の智恵にもとづいて、われわれを覚醒させ、人生をすみやかに変え、真の自由と幸福をもたらすことができる力強い教えを「四つの約束」としてまとめた。人生を暗くし、不必要な苦しみを生む元になっている様々な自縛的信念を明るみに出し、われわれを広々とした明るい世界へと誘う。好評発売中！ １２６０円

ドン・ミゲル・ルイス著／高瀬千尋訳／高瀬千図監訳
『愛の選択』
古代メキシコの〝トルテック〟の智恵を「四つの約束」としてまとめたルイスは、本書ではさらに「真実と許しと愛」によって心の傷を癒し、愛に基づいた関係をもたらすための「関係性のアート」を比類なき明晰さと熱情をこめて説き、「幸福になりたい」という基本的な願いに対する誠実で真摯な、実践可能な完璧な答えを与える。 １４７０円

ドン・ミゲル・ルイス著／大野龍一訳
『四つの約束――コンパニオン・ブック』
世界的ベストセラー『四つの約束』の著者が贈る、本質的にしてすぐ役に立つ生き方実践マニュアル。『四つの約束』のさらに詳しい解説、著者と読者とのQ&A、読者の「実践報告」を収める。

困難な時代、自由に力強く、幸福に生きるにはどうすればいいのか？ 家庭、職場、友人関係の悩みをどう解決すればいいのか？ あらゆる疑問に懇切丁寧に答えた読者待望の一冊！ １５７５円

ドン・ミゲル・ルイス著／大野龍一訳
『祈り――創造主との交わり』
本来「愛の器」である人の心を、憎悪や悲嘆の器に変えてしまうものは何か？ それは「虚偽」のメッセージであると説く著者は、あらゆる虚偽を捨て去って、「創造主との愛の交わり」の中で再生する方法を教える。あなたの「夢」が美しいものに変貌するとき、世界の悪夢もまた、終わりを告げるだろう。古代メキシコのトルテックの教えに基づく、シンプルで力強い愛の祈りの教本。 １２６０円

アーサー・ガーダム著／大野龍一訳

『二つの世界を生きて——精神科医の心霊的自叙伝』

ユング自伝をしのぐ圧倒的迫力！　コリン・ウィルソンが『オカルト』『超能力者』で現代の最重要人物の一人として取り上げた思想家にして心理学者、詩人、心霊能力者の最も赤裸々にして包括的な著作。

中年に達した、「疑り深いトマス」とあだ名される知的合理主義で武装したオックスフォード出身の有能な精神科医に転機が訪れる。不可解な耳鳴り、意識の底から浮かんでくる奇妙なヴィジョン。そして、次々現れる過去生での縁を告げる患者たち……。抵抗し、ためらいながらも、彼は次第に彼方の世界からもたらされるメッセージに心を開いてゆく。

『カタリ派と生まれ変わり』で有名な著者の、世界と人間についての理解を根底から変革する驚くべき自叙伝。

２４１５円

C・S・ノット著／古川順弘訳

『回想のグルジェフ——ある弟子の手記』

パリのフォンテーヌブローを中心に活躍していた当時のグルジェフとその門弟たちとの神話的な日々を回顧し、巨星の人間像を鮮烈に描き出した、愛弟子による魂の記録。著者C・S・ノットは、第一次世界大戦に従軍後世界中を放浪。その後グルジェフを知り、その思想に共鳴、グルジェフの門弟として修練を積んだ。本書は、その間に見聞したことを、著者自身の自己成長の流れに沿ってつぶさに記録し、また高弟オレイジによる聖典『ベルゼバブの孫への話』への卓抜なコメンタリーも併録した、グルジェフに関する第一級の貴重な資料である。

２５２０円

W・P・パターソン著／古川順弘訳

『グルジェフを求めて——〈第四の道〉をめぐる狂騒』

性格エニアグラムには正当な根拠があるのだろうか？　グルジェフ主義の多くの団体は正統な教えを継承しているのだろうか？グルジェフ研究の第一人者として今最も注目されている著者は、本書でこれらの疑問に様々な角度から迫り、巨人グルジェフに群がる「秘教家」たちの真相をあばきだす。特に現在人気のあるエニアグラムについて独自の解明を試みている。

１８９０円

ケン・ウィルバー著／青木聡訳

『〈ワン・テイスト〉——ケン・ウィルバーの日記・上下』

「永遠の哲学」とは何か？　統合的哲学の構築をめざすケン・ウィルバーの思想が〝一口サイズ〟で詰まった一九九七年の日記。ウィルバーのプライベートな生活と内面世界、彼を取り巻く人間関係を垣間見ることができる。

ケン・ウイルバーはわれわれすべてにとっての霊感と洞察の源泉である。
彼が書いたあらゆるものを読みなさい。そうすればあなたの人生は変わるだろう。
——ディーパック・チョプラ

上下各2205円

P・D・ウスペンスキー著／高橋弘泰訳／小森健太朗解説

『ターシャム・オルガヌム（第三の思考規範）——世界の謎への鍵』

グルジェフをして「君がこの本に書いてあることをすべて理解していたら、私は君におじぎをして教えを乞うだろう」と言わしめた本書は、ウスペンスキーの代表作である。世界の神秘を解き明かす鍵がここにある。ロシアの知の魔術。アリストテレス、ベーコンを凌駕する驚異の知の体系。二〇世紀神秘哲学最高の古典の完訳。

2625円

P・D・ウスペンスキー著／高橋弘泰訳

『新しい宇宙像・上下』

ヨガ、タロット、福音書、超人、四次元、そして新しい物理学……『ターシャム・オルガヌム』で新しい思考原理を提示した著者が、まったく新しい角度から人類の問題に挑んだ大著の完訳。久遠の真理を求める多くの人々に霊感を与え続けてきた、思想史上かつてない秘教的洞察の宝庫！

上下各2520円

ローラ・ハクスレー著／大野龍一訳

『この永遠の瞬間——夫オルダス・ハクスレーの思い出』

五十代半ばのハクスレー夫妻と識り合い、マリア夫人の死後、乞われてその妻となったキャリアウーマン、ローラ夫人のメモワール。出会いから十五年後のハクスレーの死までをエピソード豊かに綴った本書は、ハクスレー研究の第一級資料としてだけでなく、清冽なラブストーリー、含蓄豊かな人間ドラマとして、読む者に深い感動と励ましを与える。物議をかもしたLSD実験の真意や、誤解されやすかった神秘主義思想の理解にも決定的な重要性をもつ。

2520円

心身一体療法研究所所長　本宮輝薫著

『真気の入れ方と邪気の抜き方――色彩・言葉・形が気を動かす』

邪気を受けずに気を動かすには？　気を動かして病気を治し、セラピストも健康になれる智恵。気についての従来の混乱した議論を整理し、誰もがたやすく気に近づけるようにした明確な理論。全セラピスト必携！

２１００円

中国上海　気功老師　盛鶴延著

『新装版　気功革命――癒す力を呼び覚ます』

長年にわたり日本で気功の普及に尽力してきた、中国気功界を代表する著者が書き下ろした、心と体に革命をもたらす気功マニュアルの決定版！　多くの流派に分れた気功法の中から、本当に効果の高い方法を集大成し、図解付きでわかりやすく解説した実践書。

１８９０円

アルバート・クラインヒーダー著／青木聡訳

『病いとこころ――からだの症状と対話する』

すべての病気には、こころの動きが伴っている。

ユング派の心理療法家である著者は、さまざまな病気に苦しんだ経験や心理療法の事例から、症状の背景にある元型的な物語を見抜き、そのイメージの中に深く入っていくことを提唱する。自己の全体性を目指す能動的想像の実際。

１２６０円

ユング派心理療法家　トマス・ムーア序文／心理占星術研究家　鏡リュウジ解説／臨床心理士　青木聡序文翻訳

『ヨブ記』

「なぜ私がこのようなめにあわなければならないのか？」

多くの現代人がかかえるこの難題に、ユング派心理療法家トマス・ムーアが、『ヨブ記』を読み解き、また、みずからの体験に照らし合わせながら、応える。また、イギリスの心理学的占星術を日本に紹介し、女性誌などさまざまなメディアで圧倒的な支持を受け、従来の「占い」のイメージを一新した気鋭の心理占星術研究家鏡リュウジが、ユングの『ヨブへの答え』などに触れながら、聖書中のこの不思議な物語を現代人にとって決定的な意味を持つものとしてわかりやすく解説する。

１４７０円

「コスモス・ライブラリー」のめざすもの

古代ギリシャのピュタゴラス学派にとって〈コスモスKosmos〉とは、現代人が思い浮かべるようなたんなる物理的宇宙（cosmos）ではなく、物質から心および神にまで至る存在の全領域が豊かに織り込まれた〈全体〉を意味していた。が、物質還元主義の科学とそれが生み出した技術と対応した産業主義の急速な発達とともに、もっぱら五官に隷属するものだけが重視され、人間のかけがえのない一半を形づくる精神界は悲惨なまでに忘却されようとしている。しかし、自然の無限の浄化力と無尽蔵の資源という、ありえない仮定の上に営まれてきた産業主義は、いま社会主義経済も自由主義経済もともに、当然ながら深刻な環境破壊と精神・心の荒廃というつけを負わされ、それを克服する本当の意味で「持続可能な」社会のビジョンを提示できぬまま、立ちすくんでいるかに見える。

環境問題だけをとっても、真の解決には、科学技術的な取組みだけではなく、それを内面から支える新たな環境倫理の確立が急務であり、それには、環境・自然と人間との深い一体感、環境を破壊することは自分自身を破壊することにほかならないことを、観念ではなく実感として把握しうる精神性、真の宗教性、さらに言えば〈霊性〉が不可欠である。が、そうした深い内面的変容は、これまでごく限られた宗教者、覚者、賢者たちにおいて実現されるにとどまり、また文化や宗教の枠に阻まれて、人類全体の進路を決める大きな潮流をなすには至っていない。

「コスモス・ライブラリー」の創設には、東西・新旧の知恵の書の紹介を通じて、失われた〈コスモス〉の自覚を回復したい、様々な英知の合流した大きな潮流の形成に寄与したいという切実な願いがこめられている。そのような思いの実現は、いうまでもなく心ある読者の幅広い支援なしにはありえない。来るべき世紀に向け、破壊と暗黒ではなく、英知と洞察と深い慈愛に満ちた世界が実現されることを願って、「コスモス・ライブラリー」は読者と共に歩み続けたい。